KB158994

크루마무엉의

태국어
메뉴판
마스터

전희진, 잉언씨껫 지음 · 아난따 나나 그림

크루마무엉ครูมะเหมี่ยง의
태국어
메뉴판
마스터

bs
브레인스토어

저자의
/
말

『크루마무엉의 태국어 메뉴판 마스터』가 여러분들이 음식을 통해 태국을 배우고
느낄 수 있는 초석이 되기를 바랍니다. 이 책의 '크루마무엉'처럼 여러분도 자신만의
태국 식도락 여행을 즐길 준비가 되셨나요? 전희진(ซอน ฮีจิน)

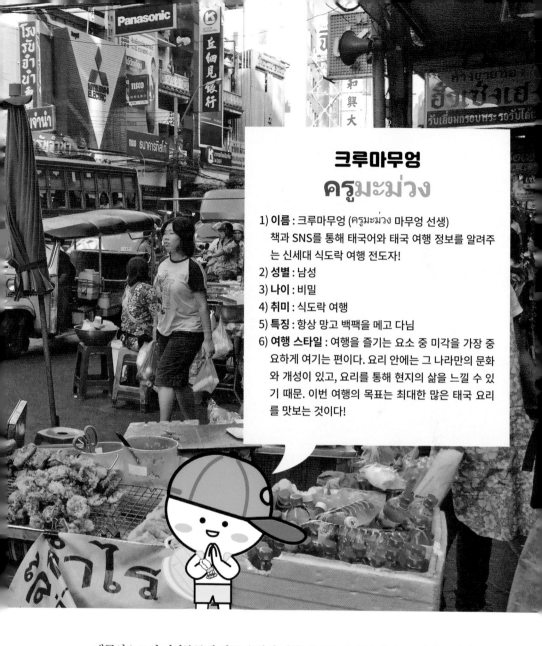

크루마무엉
ครูมะม่วง

1) **이름** : 크루마무엉 (ครูมะม่วง 마무엉 선생)
   책과 SNS를 통해 태국어와 태국 여행 정보를 알려주는 신세대 식도락 여행 전도자!
2) **성별** : 남성
3) **나이** : 비밀
4) **취미** : 식도락 여행
5) **특징** : 항상 망고 백팩을 메고 다님
6) **여행 스타일** : 여행을 즐기는 요소 중 미각을 가장 중요하게 여기는 편이다. 요리 안에는 그 나라만의 문화와 개성이 있고, 요리를 통해 현지의 삶을 느낄 수 있기 때문. 이번 여행의 목표는 최대한 많은 태국 요리를 맛보는 것이다!

태국인으로서 여러분들께 태국 음식에 대한 생생한 정보를 알릴 수 있게 되어서 매우 기쁘게 생각합니다. 『크루마무엉의 태국어 메뉴판 마스터』를 통해 태국 음식뿐만 아니라 태국의 문화도 느낄 수 있기를 기대합니다. 또한, 이 책이 태국이라는 나라에 대한 관심으로도 이어질 수 있기를 바랍니다. 감사합니다. 잉언씨껫(อิงอร ศรีเกษ)

치앙라이 ★
(เชียงราย 치-앙라-이)

★ 치앙마이
(เชียงใหม่ 치-앙마이)

라오스
(ลาว 라-우)

미얀마
(พม่า 파마-)

★ 수코타이
(สุโขทัย 쑤코-타이)

★ 아유타야
(อยุธยา 아유타야-)

칸차나부리 ★
(กาญจนบุรี 깐-짜나부리-)

★ 방콕
(กรุงเทพ 끄룽텝-)

캄보디아
(กัมพูชา 깜푸-차-)

후아힌 ★
(หัวหิน 후-어힌)

★ 파타야
(พัทยา 팟타야-)

★ 코사무이
(เกาะสมุย 꺼싸무이)

푸껫 ★
(ภูเก็ต 푸-껫)

★ 끄라비
(กระบี่ 끄라비-)

★ 태국 THAILAND ★

국명	Kingdom of Thailand(ประเทศไทย 쁘라텟-타이)
수도	방콕(กรุงเทพ 끄룽텝-)
언어	타이어(태국어)
계절	3계절(여름 - 3월~5월, 우기 - 6월~10월, 겨울-11월~2월)
국기	뜨라이롱기(남색, 흰색, 빨간색의 3색 국기) ▬
국번	+66
시차	한국보다 2시간 느림.
종교	국민의 90%이상이 소승불교 신자
민족	타이족(약 85%), 화교(약 12%), 말레이족(약2%), 기타(약1%)
화폐	밧(บาท)

차 례

태국어
알아보기

본문 내용을 보기 전 태국어에 대해 알아보자!

태국어 문자와 성조

1. 태국어 자음 - 44자(실제 사용은 42자)

- 태국어 자음은 초자음과 종자음(받침)으로 사용돼요. (한국어와 마찬가지)
- 태국어 자음은 총 44자이지만, 현재 2자는 사용하고 있지 않아요. 이 책에서는 42자만 표에 정리했어요. (생략한 자음: ฃ(카 쿠엣) , ฅ(카 콘))
- 자음을 중자음(9자), 고자음(10자), 저자음(23자)으로 구분한 이유는 성조 계산(성조 법칙)에 필요하기 때문이에요.
- '기역, 니은, 디귿'처럼 한국어 자음의 이름이 있듯이 태국어도 '꺼-까이, 커-카이'와 같은 명칭이 있어요.
- 표의 '초자음(한국어 음가)'과 '종자음(받침)(한국어 음가)'은 태국어 자음을 한국어로 표기할 때의 음가예요.
- 초자음과 종자음(받침)의 한국어 음가는 같은 것도 있고, 다른 것도 있으므로 잘 구분해야 해요.
- 종자음(받침)에 '-'로 표시된 자음은 받침으로 사용하지 않아요.

구분	자음	명칭	초자음 (한국어 음가)	종자음(받침) (한국어음가)
중자음 (9자)	ก	꺼- 까이	ㄲ	ㄱ
	จ	쩌- 짠-	ㅉ	ㅅ
	ฎ	더- 차다-	ㄷ	ㅅ
	ฏ	떠- 빠딱	ㄸ	ㅅ
	ด	더- 덱	ㄷ	ㅅ
	ต	떠- 따오	ㄸ	ㅅ
	บ	버- 바이마이	ㅂ	ㅂ
	ป	뻐- 쁠라-	ㅃ	ㅂ
	อ	어- 앙-	ㅇ	-
고자음 (10자)	ข	커- 카이	ㅋ	ㄱ
	ฉ	처- 칭	ㅊ	-
	ฐ	터- 탄-	ㅌ	ㅅ
	ถ	터- 퉁	ㅌ	ㅅ
	ผ	퍼- 픙	ㅍ	-
	ฝ	훠- 화-	ㅎ(F)	-
	ศ	써- 쌀-라-	ㅆ	ㅅ
	ษ	써- 르-씨-	ㅆ	ㅅ
	ส	써- 쓰-아	ㅆ	ㅅ
	ห	허- 힙-	ㅎ	-
저자음 (23자)	ค	커- 콰-이	ㅋ	ㄱ
	ฅ	커- 라캉	ㅋ	ㄱ
	ง	응어- 응우-	응ㅇ- (ng)	ㅇ

	ช	처- 창-	ㅊ	ㅅ
	ซ	쓰- 쏘-	ㅆ	ㅅ
	ฌ	처- 츠ㅓ-	ㅊ	-
	ญ	여- 잉	ㅇ(y)	ㄴ
	ฎ	터- 몬토-	ㅌ	ㅅ
	ฏ	터- 퓨- 타오	ㅌ	ㅅ
	ฐ	너- 넨-	ㄴ	ㄴ
	ฑ	터- 타한-	ㅌ	ㅅ
	ฒ	터- 통	ㅌ	ㅅ
저자음 (23자)	ณ	너- 누-	ㄴ	ㄴ
	พ	퍼- 판-	ㅍ	ㅂ
	ฟ	훠- 환	ㅎ (F)	ㅂ
	ภ	퍼- 쌈파오	ㅍ	ㅂ
	ม	머- 마-	ㅁ	ㅁ
	ย	여 약	ㅇ(y)	이
	ร	러- 르-아	ㄹ(R)	ㄴ
	ล	럴- 링	ㄹ(L)	ㄴ
	ว	워- 왠-	우(W)	우
	ฬ	러- 쭐라-	ㄹ(L)	ㄴ
	ฮ	허- 녹훅-	ㅎ	-

2. 태국어 모음 - 32자

- 태국어 모음은 단모음(짧게 소리 냄)과 장모음(길게 소리 냄)으로 나뉘어요. 장모음은 한국어 음가에 '-'를 표시했어요.
- 모음 왼쪽, 오른쪽, 아래, 위에 있는 — 표시는 초자음이 들어가야 하는 위치를 표시한 거예요.

단모음	발음	장모음	발음
−ะ	아	−า	아 -
̶ิ	이	̶ี	이 -
̶ึ	으	̶ื	으 -
̶ุ	우	̶ู	우 -
เ−ะ	에	เ−	에 -
แ−ะ	애	แ−	애 -
โ−ะ	오	โ−	오 -
เ−าะ	어	−อ	어 -
−ัวะ	우어	−ัว	우-어
เ−ียะ	이야	เ−ีย	이-야
เ−ือะ	으어	เ−ือ	으-어
เ−อะ	으ㅓ	เ−อ	으ㅓ -
ไ−	아이	ใ−	아이
เ−า	아오	−ำ	암
ฤ	르, 리, 러	ฤๅ	르 -
ฦ	르	ฦๅ	르 -

- 단모음 '- ะ아'는 뒤에 받침이 오면 ' ั '가 돼요. 예 มัน [만] 그것(it)
- 장모음 ' ัวุ우-어'는 뒤에 받침이 오면 '-ว'가 돼요. 예 พวก [푸-억] ~들
- ไ아이, ใ아이, เ-า아오, ำ암'은 소리 내어 읽을 때는 단모음, 장모음 구분이 없지만 성조 법칙으로 모음을 구별할 때는 장모음으로 구분해요.

연습 태국어 자음, 모음을 읽어보아요~!

กิน

1) กิน [낀] 먹다

ไป

2) ไป [빠이] 가다

มาก

3) มาก [막-] 매우, 아주, 많이

เรียน

4) เรียน [리-얀] 공부하다, 배우다

3. 성조

- 태국어의 성조는 총 5개(평성, 1성, 2성, 3성, 4성)예요. 먼저 한국어 음가 위에 표기하는 성조 표시를 소개할게요.

성조	표시	소리 내는 방법	예
평성	──	일정한 음으로 발음	ไป [빠ー이] 가다
1성	＼	힘을 약간 빼고 낮아지는 음으로 발음	ไก่ [까이] 닭
2성	∧	쭉 올라가도록 발음	มาก [막ー] 아주, 많이
3성	／	서서히 위로 끌어올리듯이 발음	เลี้ยง [리ー양] 기르다
4성	∨	낮아지다가 중간에 음을 약간 올려서 발음	ขาย [카ー이] 팔다

- 태국어 성조를 파악할 수 있는 '성조 법칙'은 두 가지예요. 첫 번째는 태국어 글자 위에 성조 부호가 있을 때 어떻게 성조를 계산하는지 알아보는 '유형 성조 법칙', 두 번째는 태국어 글자 위에 성조 부호가 없는 경우 성조를 계산하는 '무형 성조 법칙'이에요.

1) 유형 성조 법칙(성조 부호가 있는 경우)

- 태국어에는 4개의 성조 부호가 있고, 초자음 오른쪽 위에 위치해요. 태국어 성조 부호도 스펠링의 일부이기 때문에 성조 부호가 있는 어휘를 쓸 땐 같이 표기해야 해요. 그리고 태국어의 성조 부호엔 각각 이름이 있답니다.

- 성조 법칙에서 알아야 하는 것은 초자음을 중자음, 고자음, 저자음으로 구분하는 거예요. 초자음의 종류에 따라 아래 표와 같이 성조가 달라져요.

	่ 1성 (마이엑-)	้ 2성 (마이토-)	๊ 3성 (마이뜨리-)	๋ 4성 (마이짯따와-)
중자음	1성	2성	3성	4성
고자음	1성	2성	-	-
저자음	2성	3성	-	-

- 고자음, 저자음 위에는 3성, 4성 성조 부호가 쓰이지 않으며, 저자음 위에 1성 표시가 있으면 2성으로, 2성 표시가 있으면 3성으로 발음하기 때문에 주의해야 해요.

연습 유형 성조 어휘를 읽어보아요~!

ไก่

1) ไก่ [까이] 닭

บ้าน

2) บ้าน [반-] 집

ไม่

3) ไม่ [마이] 부정사

น้อง

4) น้อง [넝-] 동생

2) 무형 성조 법칙(성조 부호가 없는 경우)

- 성조 부호가 없는 태국어 어휘는 '초자음의 종류(중자음/고자음/저자음)', '모음의 종류(단모음/장모음)'로 파악하며, 종자음(받침)이 있는 어휘는 '종자음(받침)의 종류(생음/사음)'까지 총 세 가지 요소를 보고 성조를 파악해요.
- 생음이란 태국어 자음을 종자음(받침)으로 쓸 때 한국어 음가가 'ㅇ, ㅁ, ㄴ,이,우'로 소리 나는 자음이며, 사음은 자음을 종자음(받침)으로 쓸 때 한국어 음가가 'ㄱ,ㅅ,ㅂ'로 소리 나는 자음이에요.

생음 종자음(받침)의 한국어 음가가 (ㅇ,ㅁ,ㄴ,이,우)		사음 종자음(받침)의 한국어 음가가 (ㄱ,ㅅ,ㅂ)	
ง	ㅇ	กขคฆ	ㄱ
ม	ㅁ	จชซฎฏฐฑฒ ดตถทธศษส	ㅅ
นญณรลฬ	ㄴ		
ย	이		
ว	우	บปพฟภ	ㅂ

- 태국어 어휘의 초자음, 모음, 종자음(받침)의 종류가 파악되면, 무형 성조 법칙에 따라서 성조를 알 수 있어요. 무형 성조 법칙은 초자음의 종류(중자음/고자음/저자음)에 따라 정리했어요.

① 중자음

초자음이 중자음인 경우		예
중자음 + 장모음 중자음 + 장/단모음 + 생음	평성	ปี [삐-] 해, 년 (중자음+장모음)=평성 กิน [낀] 먹다 (중자음+단모음+생음)=평성
중자음 + 단모음 중자음 + 장/단모음 + 사음	1성	ดุ [두] 꾸짖다 (중자음+단모음)=1성 ปาก [빡-] 입 (중자음+장모음+사음)=1성

② 고자음

초자음이 고자음인 경우		예
고자음 + 장모음 고자음 + 장/단모음 + 생음	4성	ขา [카-] 다리 (고자음+장모음)=4성 หาย [하-이] 잃어버리다 (고자음+장모음+생음)=4성
고자음 + 단모음 고자음 + 장/단모음 + 사음	1성	ผัก [팍] 야채 (고자음+단모음+사음)=1성 สอบ [썹-] 시험보다 (고자음+장모음+사음)=1성

③ 저자음

초자음이 저자음인 경우		예
저자음 + 장모음 저자음 + 장/단모음 + 생음	평성	ยา [야-] 약 (저자음+장모음)=평성 ทาน [탄-] 드시다 (저자음+장모음+생음)=평성

저자음 + 단모음	3성	**และ** [래] 그리고 (저자음+단모음)=3성
저자음 + 단모음 + 사음		**รัก** [락] 사랑하다 (저자음+단모음+사음)=3성
저자음 + 장모음 + 사음	2성	**มาก** [막-] 아주, 많이(저자음+장모음+사음)=2성

4. 태국어 기타 부호

태국어 어휘 중에 특수 부호들이 붙어 있는 경우가 있는데, 이 부호도 스펠링의 일부로 간주되기 때문에 함께 표기해야 해요.

태국어 부호	명칭	역할	위치
◌็	마이따이쿠-	장모음을 단모음으로 발음	초자음 위 예 **เป็น** [뻰] ~이다
ๆ	빠이얀-너-이	긴 단어나 명칭 생략	단어 우측 예 **กรุงเทพฯ** [끄룽텝-] 방콕
ๆ	마이야목	두 번 발음	단어 우측 예 **มากๆ** [막-막-] 많이많이
◌์	까-란	까란 아래에 위치한 자음을 발음하지 않음	자음 위 예 **อาจารย์** [아-짠-] 교수

태국어의 남, 여 구분

태국어의 남녀 구분 방법은 두 가지예요.

1. 1인칭 주어 ผม(폼) / ดิฉัน(디찬)

ผม(폼)과 ดิฉัน(디찬)은 '저, 나'라는 1인칭 주어로, 화자가 남성이면 ผม(폼), 여성이면 ดิฉัน(디찬)이라고 해요.

> 예 ผม ไป [폼 빠이] 나는 간다.
>
> ดิฉัน ไป [디찬 빠이] 나는 간다.
>
> ** ไป [빠이] 가다

위 두 문장을 한국어로 해석하면 '나는 간다.'로 동일하지만 화자가 남성인지 여성인지에 따라 1인칭 주어가 다르다는 것을 알 수 있겠죠?

2. ครับ(크랍) / ค่ะ(카), คะ(카)

태국어에도 존댓말이 있어요. 문장 끝에 ครับ(크랍) / ค่ะ(카), คะ(카)를 붙이면 존댓말 표현이 되는데, 화자가 남성이면 ครับ(크랍), 여성이면 ค่ะ(카), คะ(카)를 붙여서 말해요. 남성은 평서문, 의문문 둘 다 문장 끝에 ครับ(크랍)을 붙이고, 여성은 평서문이면 ค่ะ(카), 의문문이면 약간 소리를 높여 คะ(카)로 말해요.

> 예 ผม เป็น คนเกาหลี ครับ [폼 뻰 콘 까올리- 크랍] 저는 한국인입니다.
>
> ดิฉัน เป็น คนเกาหลี ค่ะ [디찬 뻰 콘 까올리- 카] 저는 한국인입니다.
>
> ** เป็น [뻰] ~이다 / คน [콘] 사람, ~명 / เกาหลี [까올리-] 한국

'네'라는 대답을 할 때도 남자는 ครับ(크랍), 여자는 ค่ะ(카)라고 말해요.

기본 문법

1. 띄어쓰기

태국어는 원래 띄어쓰기가 거의 없어요. 마침표, 쉼표, 물음표도 표기하지 않아요. (단, 이 책에서는 태국어 어휘 구분을 용이하게 하기 위해 어휘마다 띄어쓰기를 했어요.)

2. 문장 구조

태국어의 기본 문장 구조는 (주어) + 서술어 + (목적어)예요.

> 예 ผม เป็น นักเรียน [폼 뻰 낙리-얀] 나는 학생이다.
>
> ** ผม [폼] (남성) 나, 저 / เป็น [뻰] ~이다 / นักเรียน [낙리-얀] 학생

3. 수식어 위치

명사를 꾸며 주는 수식어(명사, 형용사)는 명사 뒤에 위치해요.

> 예 คนไทย [콘 타이] 사람+태국
>
> ** คน [콘] 사람 / ไทย [타이] 태국

4. 어순이 중요

태국어는 주어, 목적어 뒤에 조사가 거의 없고 어휘의 형태 변화 또한 없기 때문에 가장 중요한 것은 어휘의 순서 배열이에요. 어휘의 배열에 따라 뜻이 달라질 수 있어요.

예 ดิฉัน กิน อาหารอร่อย [디찬 낀 아-한- 아러-이] 나는 **맛있는** 음식을 먹는다.

อาหารอร่อย [아-한- 아러-이] 음식이 **맛있다**.

** ดิฉัน [디찬] (여성)나, 저 / กิน [낀] 먹다 / อาหาร [아-한-] 음식 /

อร่อย [아러-이] 맛있다

5. 의문사 위치

의문조사와 의문사는 일반적으로 문장 끝에 위치해요. 평서문 끝에 의문조사나 의문사를 붙이면 의문문이 돼요.

예 คุณ เป็น นักเรียน ครับ [쿤 뻰 낙리-얀 크랍] 당신은 학생입니다.

คุณ เป็น นักเรียน ไหม ครับ [쿤 뻰 낙리-얀 마이 크랍] 당신은 학생**입니까?**

** คุณ [쿤] (2인칭)당신 / ไหม [마이] (의문조사) ~입니까?

숫자

๐	**๑**	**๒**	**๓**	**๔**	**๕**
0	1	2	3	4	5
ศูนย์	หนึ่ง	สอง	สาม	สี่	ห้า
[쑨-]	[능]	[썽-]	[쌈-]	[씨-]	[하-]

๖	**๗**	**๘**	**๙**	**๑๐**
6	7	8	9	10
หก	เจ็ด	แปด	เก้า	สิบ
[혹]	[쩻]	[빼-]	[까오]	[씹]

태국은 태국 숫자와 아라비아 숫자 둘 다 사용해요.

예외

10단위에 숫자가 있는 경우, 1은 หนึ่ง(능)이 아니라 เอ็ด(엣)으로 읽어요.

예 11 ➡ สิบเอ็ด [씹엣]

숫자 20은 สองสิบ(썽-씹)이 아니라 ยี่สิบ (이-씹)으로 읽어요.

예 22 ➡ ยี่สิบสอง [이-씹 썽-]

100이상의 태국어 숫자를 읽는 방법은 아래와 같아요.

ร้อย	พัน	หมื่น	แสน	ล้าน
100	1,000	10,000	100,000	1,000,000
[러-이]	[판]	[믄-]	[쌘-]	[란-]

연습 아래의 숫자를 읽어보아요~!

1) 24 ➜ ยี่สิบสี่ [이-씹 씨-]

2) 365 ➜ สามร้อย หกสิบ ห้า [쌈-러-이 혹씹 하-]

3) 2019 ➜ สองพัน สิบ เก้า [썽-판 씹 까오]

4) 500 ➜ ห้าร้อย [하-러-이]

서바이벌
기초
태국어
회화

1. 안녕하세요?
> **สวัสดี ครับ/ค่ะ**
싸왓디- 크랍/카

2. 감사합니다.
> **ขอบคุณ ครับ/ค่ะ**
컵-쿤 크랍/카

3. 죄송합니다. / 실례합니다.
> **ขอโทษ ครับ/ค่ะ**
커-톳- 크랍/카

4. 괜찮아요. / 천만에요.
> **ไม่เป็นไร ครับ/ค่ะ**
마이뻰라이 크랍/카

5. 행운을 빌어요.
> **โชคดี ครับ/ค่ะ**
촉-디- 크랍/카

6. 잘 지내세요?
> **สบายดี ไหม ครับ/คะ**
싸바-이 디- 마이 크랍/카

7. 잘 지내요.
> **สบายดี ครับ/ค่ะ**
싸바-이 디- 크랍/카

8. 그저 그래요.

> เฉยๆ ครับ/ค่ะ

    츠ㅓ-이 츠ㅓ-이 크랍/카

9. 먼저 실례할게요.

> ลาก่อน ครับ/ค่ะ

    라-껀-   크랍/카

10. 네.

> ครับ/ค่ะ

    크랍/카

11. 그래요.

> ใช่

    차이

12. 아니요.

> ไม่

    마이

13. 아니에요.

> ไม่ใช่

    마이 차이

14. 좋아요.

> ดี

    디-

15. 정말 대단해요. / 잘 하네요.

> เก่ง มาก

     껭-   막-

16. 알겠어요. / 할 수 있어요.

> ได้

   다^이

17. 어디에서 오셨어요?

> คุณ มา จาก ไหน ครับ/คะ

   쿤   마- 짝- 나^이 크랍/카

18. 저는 한국 사람이에요.

> ผม/ดิฉัน เป็น คนเกาหลี ครับ/ค่ะ

   폼/디찬   뻰   콘 까^올리-   크랍/카

19. 저는 태국 사람이 아니에요.

> ผม/ดิฉัน ไม่ใช่ คนไทย ครับ/ค่ะ

   폼/디찬   마^이차^이 콘 타^이 크랍/카

20. 태국 음식 좋아해요?

> คุณ ชอบ อาหารไทย ไหม ครับ/คะ

   쿤 첩- 아-한-타^이 마^이 크랍/카

21. 좋아해요.

> ชอบ ครับ/ค่ะ

   첩- 크랍/카

22. 안 좋아해요.

> ไม่ ชอบ ครับ/ค่ะ

마이 첩- 크랍/카

23. 커피 있어요?

> มี กาแฟ ไหม ครับ/คะ

미- 까-홰- 마이 크랍/카

24. 있어요.

> มี ครับ/ค่ะ

미- 크랍/카

25. 없어요.

> ไม่ มี ครับ/ค่ะ

마이 미- 크랍/카

26. 화장실이 어디에 있어요?

> ห้องน้ำ อยู่ ที่ไหน ครับ/คะ

헝-남   유- 티-나이 크랍/카

27. 화장실은 이쪽에 있어요.

> ห้องน้ำ อยู่ ตรงนี้ ครับ/ค่ะ

헝-남   유- 뜨롱니- 크랍/카

28. 이것은 뭐예요?

> อันนี้ คือ อะไร ครับ/คะ

안니-   크- 아라이 크랍/카

29. 이것은 똠얌꿍이에요.

> อันนี้ คือ ต้มยำกุ้ง ครับ/ค่ะ

  안니- 크- 똠얌꿍 크랍/카

30. 이름이 뭐예요?

> คุณ ชื่อ อะไร ครับ/คะ

  쿤 츠- 아라이 크랍/카

31. 제 이름은 마무엉이에요.

> ผม/ดิฉัน ชื่อ มะม่วง ครับ/ค่ะ

  폼/디찬 츠- 마무-엉 크랍/카

32. 나이가 어떻게 되세요?

> คุณ อายุ เท่าไร ครับ/คะ

  쿤 아-유 타오라이 크랍/카

33. 저는 25살이에요.

> ผม/ดิฉัน อายุ 25 ปี ครับ/ค่ะ

  폼/디찬 아-유 이-씹 하- 삐- 크랍/카

34. 이건 가격이 얼마예요?

> อันนี้ ราคา เท่าไร ครับ/คะ

  안니- 라-카- 타오라이 크랍/카

35. 이건 300밧이에요.

> อันนี้ 300 บาท ครับ/ค่ะ

  안니- 쌈-러-이 밧- 크랍/카

36. 너무 비싸요.

> แพง มาก

   팽-   막-

37. 할인해 줄 수 있어요?

> ลด ได้ไหม ครับ/คะ

   롯   다이마이   크랍/카

38. 돼요. / 안 돼요.

> ได้ / ไม่ได้

   다이 / 마이 다이

39. 몇 명 오셨어요?

> มา กี่ คน ครับ/คะ

   마- 까- 콘   크랍/카

40. 세 명이요.

> 3 คน

   쌈- 콘

41. 호텔로 좀 가 주세요.

> ขอ ไป โรงแรม หน่อย นะ ครับ/คะ

   커-   빠이   롱-램-   너-이   나 크랍/카

42. 물 좀 주세요.

> ขอ น้ำ หน่อย ครับ/ค่ะ

   커-   남   너-이   크랍/카

43. 고수 넣지 마세요.

> ไม่ใส่ ผักชี ด้วย นะ ครับ/คะ

마^이 싸^이 팍치- 두-어이 나 크랍/카

44. 안 맵게 해 주세요.

> ไม่ เผ็ด ด้วย นะ ครับ/คะ

마^이 펫 두-어이 나 크랍/카

45. 도와주세요.

> ช่วยด้วย

추-어이 두-어이

46. 지금 몇 시예요?

> ตอนนี้ กี่โมง ครับ/คะ

떤-니- 끼-몽- 크랍/카

47. 지금 9시 30분이에요.

> ตอนนี้ 9โมง 30 นาที ครับ/ค่ะ

떤-니- 까오 몽- 쌈-씹 나-티- 크랍/카

48. 언제 가요?

> ไป เมื่อไร ครับ/คะ

빠^이 므^어라^이 크랍/카

49. 오늘 / 내일이요.

> วันนี้ / พรุ่งนี้ ครับ/ค่ะ

완니- / 프룽니- 크랍/카

1
국수
ก๋วยเตี๋ยว

1. 국수 (ก๋วยเตี๋ยว)

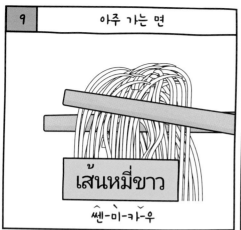

9 | 아주 가는 면

เส้นหมี่ขาว

쎈-미-카-우

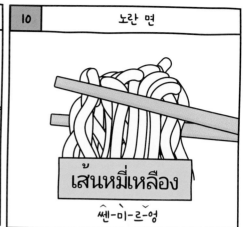

10 | 노란 면

เส้นหมี่เหลือง

쎈-미-르-엉

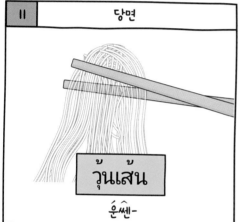

11 | 당면

วุ้นเส้น

운쎈-

쎈-렉(가는 면)으로 할게요.

국물 있는 것 또는 국물 없는 것
중 뭐로 하시겠어요?

1. 국수 (ก๋วยเตี๋ยว)

또 선택해야 하는 거야?
그럼, 일단 국물 있는 것을 먹어보자.

국물 있는 거요.

네!

12	국물 있는 국수

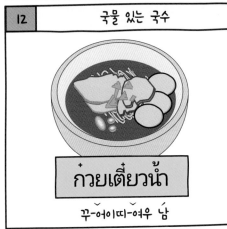

ก๋วยเตี๋ยวน้ำ

꾸-어이띠-여우 남

13	국물 없는 국수

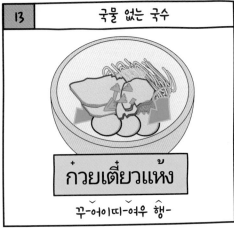

ก๋วยเตี๋ยวแห้ง

꾸-어이띠-여우 행-

1. 국수 (ก๋วยเตี๋ยว)

14 완자	15 숙주나물
ลูกชิ้น 룩-친 돼지고기, 닭고기, 생선 등으로 만든다.	ถั่วงอก 투-어응억-
16 고수	17 공심채
ผักชี 팍치-	국수에 숙주나물 대신 공심채를 넣기도 한다. ผักบุ้ง 팍붕
18 돼지고기	19 다진 돼지고기
เนื้อหมู 느-어 무-	หมูสับ 무- 쌉

20 소고기	21 오리고기

20 소고기

เนื้อวัว

느-어 우-어

줄여서 เนื้อ(느-어)라고 해도 된다.

21 오리고기

เนื้อเป็ด

느-어 뻿

22 새우

กุ้ง

꿍

23 오징어

ปลาหมึก

쁠라-묵

24 닭고기

เนื้อไก่

느-어 까이

줄여서 ไก่(까이)라고 해도 된다.

25 훈제 돼지고기

หมูแดง

무-댕-

1. 국수 (ก๋วยเตี๋ยว)

| 26 | 돼지고기 만두 | 27 | 새우 만두 |

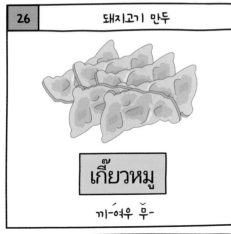

เกี๊ยวหมู

끼-여우 무-

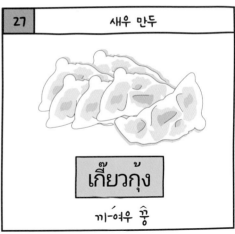

เกี๊ยวกุ้ง

끼-여우 꿍

| 28 | 게 살 | 29 | 생선 살 |

เนื้อปู

느-어 뿌-

줄여서 ปู(뿌-)라고 말해도 된다.

เนื้อปลา

느-어 쁠라-

| 30 | 해산물 |

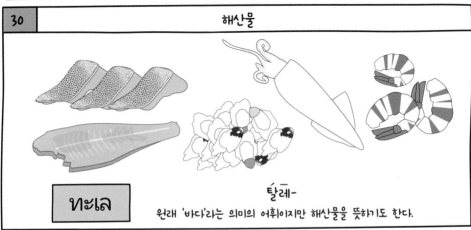

ทะเล

탈레-

원래 '바다'라는 의미의 어휘이지만 해산물을 뜻하기도 한다.

1. 국수 (ก๋วยเตี๋ยว)

31	조미료, 양념

เครื่องปรุง

크르-엉 쁘룽

32	피쉬소스

น้ำปลา

남쁠라-

33	설탕

น้ำตาล

남딴-

34	고춧가루

พริกป่น

프릭쁜

35	식초에 절인 고추 소스

น้ำส้มพริกดอง

남쏨프릭덩-

1. 국수 (ก๋วยเตี๋ยว)

36	젓가락

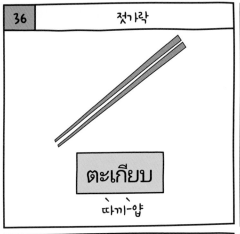

ตะเกียบ

따끼-얍

37	짧은 숟가락

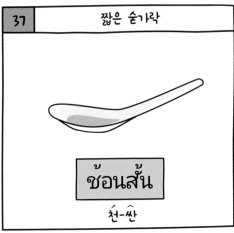

ช้อนสั้น

천-싼

38	긴 숟가락

ช้อนยาว

천-야-우

39	포크

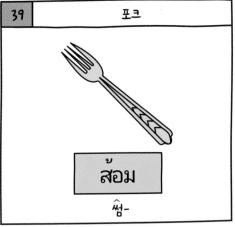

ส้อม

썸-

1. 국수 (ก๋วยเตี๋ยว)

สวัสดี ครับ
[싸왓디- 크랍]
안녕하세요?

① สวัสดี ครับ [싸왓디- 크랍] **안녕하세요?**

'สวัสดี(싸왓디-)'는 가장 기본적인 태국 인사말이에요. 만날 때, 헤어질 때, 전화할 때 등 일상생활에서 두루 사용해요. 화자가 남성이면 'สวัสดีครับ(싸왓디- 크랍)', 여성이면 'สวัสดีค่ะ(싸왓디- 카)'로 말해요. 이렇게 성별에 따라 문장 끝에 'ครับ(크랍)'또는 'ค่ะ(카)'를 붙이면 존댓말 표현이 가능해요.

รับ อะไรดี ครับ
[랍   아라이 디- 크랍]
뭘 드시겠어요?

② รับ อะไรดี ครับ [랍 아라이 디- 크랍] **뭘 드시겠어요?**

รับ(랍)은 '받다, 접수하다'라는 동사, อะไรดี(아라이 디-)는 '뭐가 좋을까요?'라는 의문사예요. 합쳐서 รับอะไรดี(랍 아라이 디-)는 '무엇을 (주문) 받는 것이 좋을까요?'로 한국어 표현의 '뭘 드시겠어요?'와 비슷한 의미가 되겠네요. 태국 식당에서 직원이 주문 받을 때 사용하는 말이에요. 이 외에 'ทานอะไรดี(탄- 아라이 디-) 뭘 드시겠어요?'도 자주 사용해요.

ขอ ก๋วยเตี๋ยวเนื้อ ครับ

[커- 꾸-어이띠-여우 느-어 크랍]

소고기 국수 주세요.

③ ขอ ก๋วยเตี๋ยวเนื้อ ครับ [커- 꾸-어이띠-여우 느-어 크랍]
소고기 국수 주세요.

ขอ(커)는 '~주세요', ก๋วยเตี๋ยว(꾸-어이띠-여우)는 '국수', เนื้อ(느-어)는 '소고기'로, 이 문장은 '소고기 국수 주세요.'가 돼요. 문장 끝에 '좀'이라는 뜻의 หน่อย (너-이)를 붙여, ขอ(커) + 명사 + หน่อย (너-이)의 어순으로 말하면 '(명사) 좀 주세요.'라는 뜻이 돼요.

예 ขอ ปากกา หน่อย [커- 빡-까 너-이] 볼펜 좀 주세요.
ขอ ไวน์ หน่อย [커- 와이 너-이] 와인 좀 주세요.

**ปากกา [빡-까] 볼펜 / ไวน์ [와이] 와인

พี่ ครับ

[피- 크랍]

저기요!

---

④ พี่ ครับ [피-크랍] 저기요!

พี่(피-)는 한국어의 '형, 오빠, 언니, 누나'처럼 손윗사람을 부르는 호칭이에요. 가족, 친구 등 지인뿐만 아니라 식당, 가게, 택시 등 직원이나 처음 보는 타인에게도 친근감 있는 호칭으로 사용해요. 본인보다 나이가 많다고 판단되면 พี่(피-), 본인보다 나이가 어리다고 판단되면 '동생'이라는 뜻의 น้อง(넝-)으로 불러요.

표현

국수
ก๋วยเตี๋ยว

-단어-

1. 소고기 국수 ก๋วยเตี๋ยวเนื้อ [꾸-어이띠-여우 느-어]

2. 닭고기 국수 ก๋วยเตี๋ยวไก่ [꾸-어이띠-여우 까이]

3. 돼지고기 국수 ก๋วยเตี๋ยวหมู [꾸-어이띠-여우 무-]

4. 오리고기 국수 ก๋วยเตี๋ยวเป็ด [꾸-어이띠-여우 뻿]

5. 훈제 돼지고기를 올린 면 요리 บะหมี่หมูแดง [바미-무-댕-]

6. 해산물 국수 ก๋วยเตี๋ยวเย็นตาโฟทะเล
[꾸-어이띠-여우 옌 따-호- 탈레-]

7. 가는 면 เส้นเล็ก [쎈-렉]

8. 넓은 면 เส้นใหญ่ [쎈-야이]

9. 아주 가는 면 เส้นหมี่ขาว [쎈-미-카-우]

10. 노란 면 เส้นหมี่เหลือง [쎈-미-르-엉]

11. 당면 วุ้นเส้น [운쎈-]

12. 국물 있는 국수 ก๋วยเตี๋ยวน้ำ [꾸-어이띠-여우 남]

13. 국물 없는 국수 ก๋วยเตี๋ยวแห้ง [꾸-어이띠-여우 행-]

14. 완자 ลูกชิ้น [룩-친]

15. 숙주나물 ถั่วงอก [투-어응억-]

16. 고수 ผักชี [팍치-]

17. 공심채 ผักบุ้ง [팍붕-]

18. 돼지고기 เนื้อหมู [느-어 무-]

19. 다진 돼지고기 หมูสับ [무-쌉]

20. 소고기 เนื้อวัว [느-어 우-어]

21. 오리고기 เนื้อเป็ด [느-어 뻿]

22. 새우 กุ้ง [꿍]

23. 오징어 ปลาหมึก [쁠라-믁]

24. 닭고기 เนื้อไก่ [느-어 까이]

25. 훈제 돼지고기 หมูแดง [무-댕-]

26. 돼지고기 만두 เกี๊ยวหมู [끼-여우 무-]

27. 새우 만두 เกี๊ยวกุ้ง [끼-여우 꿍]

28. 게 살 เนื้อปู [느-어 뿌-]

29. 생선 살 เนื้อปลา [느-어 쁠라-]

30. 해산물 ทะเล [탈레-]

31. 조미료, 양념 เครื่องปรุง [크르-엉 쁘룽]

32. 피쉬소스 น้ำปลา [남쁠라-]

33. 설탕 น้ำตาล [남딴-]

34. 고춧가루 พริกป่น [프릭뽄]

35. 식초에 절인 고추 소스 น้ำส้มพริกดอง [남쏨프릭덩-]

36. 젓가락 ตะเกียบ [따끼-얍]

37. 짧은 숟가락 ช้อนสั้น [천-싼]

38. 긴 숟가락 ช้อนยาว [천-야-우]

39. 포크 ส้อม [썸-]

40. 국수 ก๋วยเตี๋ยว [꾸-어이띠-여우]

태국의 식사 예절

보통 태국 사람들은 식사할 때 오른손에는 긴 숟가락(천-야-우)을, 왼손에는 포크(썸-)를 잡고 식사해요. 하지만 국수(꾸-어이띠-여우)를 먹을 때는 젓가락을 사용한답니다.

원래 태국은 젓가락을 나무로 만드는데 요즘은 플라스틱 젓가락도 많아졌어요. 일부 식당에서는 편의를 위해서 일회용 젓가락을 사용하기도 해요.

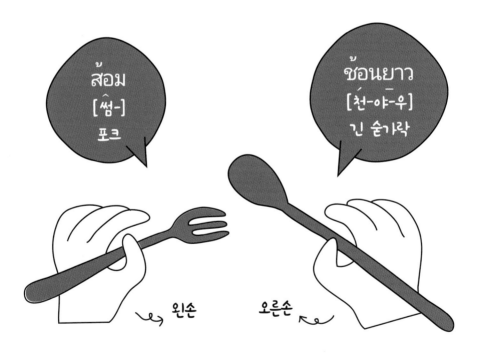

국수 국물을 떠먹을 때는 짧은
숟가락을 사용하며 취향에 따라
국수도 젓가락 대신 숟가락과 포크로
먹는 사람들이 있어요

ตะเกียบ
[따끼-얍]
젓가락

1. 국수 (ก๋วยเตี๋ยว)

2
밥과 반찬
ข้าวราดแกง
อาหารตามสั่ง

* ข้าวราดแกง [카-우 랏-깽-]
  선택한 반찬을 흰 쌀밥에 올려 먹는 태국식
  덮밥. 뷔페처럼 많은 반찬 중에 보통 1~3개
  정도 선택하여 밥에 올려 먹는다.

** อาหารตามสั่ง [아-한-땀-쌍]
  준비 된 반찬 외에 별도로 주문해서 먹는
  음식. 손님이 원하는 음식을 별도로 주문할 수
  있다.

2. 밥과 반찬 (ข้าวราดแกง / อาหารตามสั่ง)

2. 밥과 반찬 (ข้าวราดแกง / อาหารตามสั่ง)

안녕하세요? 저... 여기서 먹고 싶은데 어떻게 주문해야 할지 몰라서요.

쉬워요. 통 안에 있는 반찬 중 먹고 싶은 것을 직접 고르면 돼요.

오늘의 반찬은 쁠라텃-(생선 튀김), 까이 텃-(닭고기 튀김), 카이 다-우(계란 후라이), 똠쯧-따오후-(맑은 두붓국), 깽-키-여우 완- 까이(닭고기 그린 카레), 팟헷남만허-이(버섯볶음), 팟팍루-엄밋(모둠 야채볶음)이에요.

ข้าวราดแกง 30 - 40

이 밖에 먹고 싶은 요리가 있으면 만들어 줄게요.

1 생선 튀김	2 닭고기 튀김
ปลาทอด	ไก่ทอด
쁠라-텃-	까이 텃-

3 계란 후라이	4 삶은 계란
ไข่ดาว	ไข่ต้ม
카이 다-우	카이 똠

5 태국식 오믈렛	6 맑은 두붓국
ไข่เจียว	ต้มจืดเต้าหู้
카이 찌-여우	똠쯧-따오후-

2. 밥과 반찬 (ข้าวราดแกง / อาหารตามสั่ง)

7	닭고기 그린 카레
	แกงเขียวหวานไก่
	깽-키-여우 완- 까이

8	코코넛 닭고기 국
	ต้มข่าไก่
	똠카-까이

9	새우 똠얌
	ต้มยำกุ้ง
	똠얌꿍

10	돼지고기 고추 볶음
	หมูผัดพริก
	무-팟프릭

11	버섯볶음
	ผัดเห็ดน้ำมันหอย
	팟헷남만허-이

12	모듬 야채볶음
	ผัดผักรวมมิตร
	팟팍루-엄밋

2. 밥과 반찬 (ข้าวราดแกง / อาหารตามสั่ง)

돼지고기를 좋아하면 팟끄라프라오 무-
(돼지고기 바질 볶음)를 먹으면 되고요.

팟끄라프라오
바질 볶음

무-
돼지고기

새우를 좋아하면
카-우팟꿍(새우 볶음밥)을 먹어 보세요.

카-우팟
볶음밥

꿍
새우

똠얌도 똑같아요. 닭고기 똠얌을 먹고 싶으면
똠얌까이(닭고기 똠얌)라고 주문하면 돼요

뭐 드실래요?

똠얌
맵고 신 국물

까이
닭고기

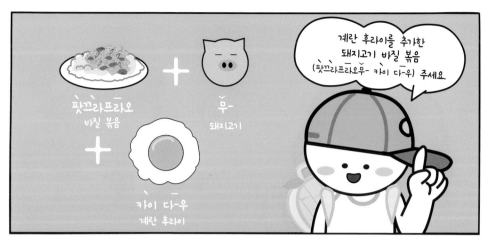

2. 밥과 반찬 (ข้าวราดแกง / อาหารตามสั่ง)

I	똠얌꿍도 주세요!

ขอต้มยำกุ้งด้วยนะครับ

커- 똠얌꿍 두-어이 나 크랍

2. 밥과 반찬 (ข้าวราดแกง / อาหารตามสั่ง)

밥과 반찬

ข้าวราดแกง
อาหารตามสั่ง

-표현-

ขอ ต้มยำกุ้ง ด้วย นะครับ
[커- 똠얌꿍 두-어이 나 크랍]
똠얌꿍도 주세요!

1 ขอ ต้มยำกุ้ง ด้วย นะครับ
[커- 똠얌꿍 두-어이 나 크랍] **똠얌꿍도 주세요!**

ขอ(커-)는 '주세요', ด้วย(두-어이)는 '~도, 좀'라는 뜻으로 이 문장은 '똠얌꿍 도(좀) 주세요.'로 해석할 수 있어요. 이렇게 '좀'이라는 뜻의 หน่อย(너-이)대신에 ด้วย(두-어이)를 붙여 말하기도 해요. ครับ(크랍)이나 ค่ะ(카)앞에 นะ(나)를 붙여 말하면 의미 강조 및 부드러운 어투가 돼요.

예 ขอ ทิชชู่ ด้วย [커-팃추- 두-어이] 휴지 좀 주세요.
ขอ ตะเกียบ ด้วย [커- 따끼-얍 두-어이] 젓가락 좀 주세요.

** ทิชชู่ [팃추-] 휴지 / ตะเกียบ [따끼-얍] 젓가락

밥과 반찬

ข้าวราดแกง
อาหารตามสั่ง

-단어-

1. 생선 튀김 ปลาทอด [쁠라-텃-]

2. 닭고기 튀김 ไก่ทอด [까이 텃-]

3. 계란 후라이 ไข่ดาว [카이 다-우]

4. 삶은 계란 ไข่ต้ม [카이 똠]

5. 태국식 오믈렛 ไข่เจียว [카이 찌-여우]

6. 맑은 두붓국 ต้มจืดเต้าหู้ [똠쯧-따오후-]

7. 닭고기 그린 카레 แกงเขียวหวานไก่ [깽-키-여우완-까이]

8. 코코넛 닭고기 국 ต้มข่าไก่ [똠카-까이]

9. 새우 똠얌 ต้มยำกุ้ง [똠얌-꿍]

10. 돼지고기 고추 볶음 หมูผัดพริก [무-팟프릭]

11. 버섯볶음 ผัดเห็ดน้ำมันหอย [팟헷남만허-이]

단어

12. 모둠 야채볶음 ผัดผักรวมมิตร [팟팍루-엄밋]

13. 반찬 กับข้าว [캅카-우]

14. 밥 ข้าว [카-우]

15. 탕,국 แกง [깽-]

단어

카-우랏-깽- 과 아-한땀-쌍 식당

카-우랏-깽- 과 아-한땀-쌍 식당은(ร้านข้าวราดแกงและ
อาหารตามสั่ง) 태국 전역에서 쉽게 만나 볼 수 있어요.
카-우랏-깽-(ข้าวราดแกง)은 반찬을 흰쌀밥에 올려 먹는 태국식
덮밥인데, 선택한 반찬의 가짓수에 따라 가격이 달라져요.

 반찬 외에 찌개, 국, 볶음 등 요리를 주문하여 먹는 경우,
요리에 넣을 재료를 직접 선택할 수 있어요.

예를 들어, 팟끄라프라오(ผัดกระเพรา 바질 볶음)를 주문할 때 새우를 넣고 싶다면, 새우라는 뜻의 꿍(กุ้ง)을 추가한 팟끄라프라오꿍(ผัดกระเพรากุ้ง 새우 바질 볶음)이라고 말하면 돼요

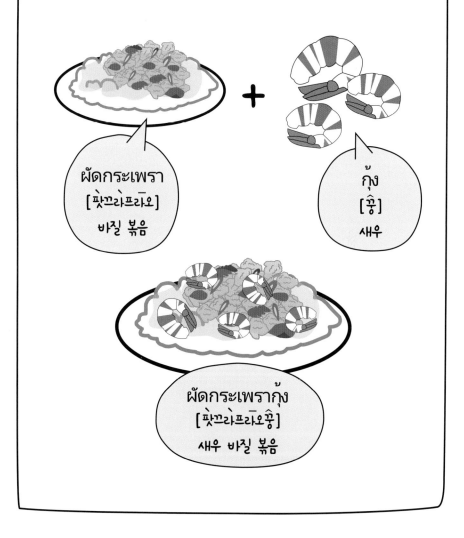

ผัดกระเพรา
[팟끄라프라오]
바질 볶음

กุ้ง
[꿍]
새우

ผัดกระเพรากุ้ง
[팟끄라프라오꿍]
새우 바질 볶음

3
해산물
อาหารทะเล

램-프롬텝-

푸-껫(ภูเก็ต) 램-프롬텝-에서 보는 석양은 장관이구나!

แหลมพรหมเทพ(램-프롬텝-):
바다와 멋진 석양을 볼 수 있는 푸껫의 유명한 장소

헉! 그러고 보니 이곳은 작년에 헤어졌던 여자친구와 꼭 같이 오기로 했던 곳인데...

!?!

흑흑... 뭔가 감성적으로 되는걸~

앗! 이런, 이 와중에도 배꼽시계는 정확하네.

꼬르륵

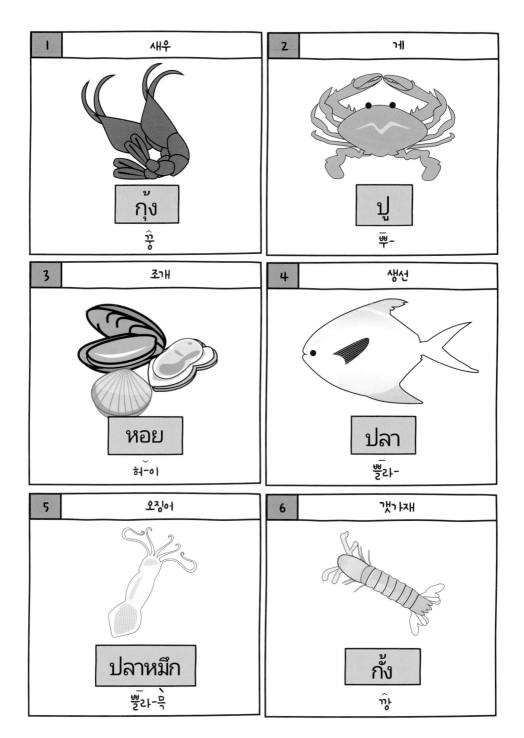

1 새우	2 게
กุ้ง 꿍	ปู 뿌-
3 조개	4 생선
หอย 허-이	ปลา 쁠라-
5 오징어	6 갯가재
ปลาหมึก 쁠라-믁	กุ้ง 깡

3. 해산물 (อาหารทะเล)

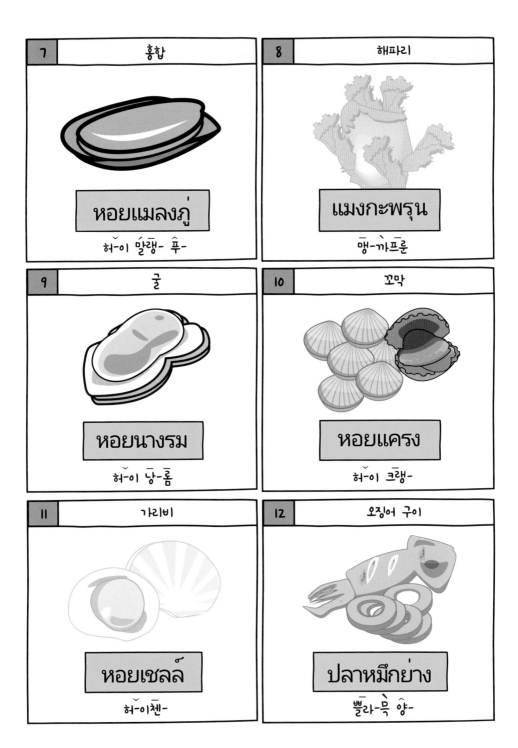

| 7 | 홍합 | 8 | 해파리 |

หอยแมลงภู่
허-이 말랭- 푸-

แมงกะพรุน
맹-까프룬

| 9 | 굴 | 10 | 꼬막 |

หอยนางรม
허-이 낭-롬

หอยแครง
허-이 크랭-

| 11 | 가리비 | 12 | 오징어 구이 |

หอยเชลล์
허-이첸-

ปลาหมึกย่าง
쁠라-믁 양-

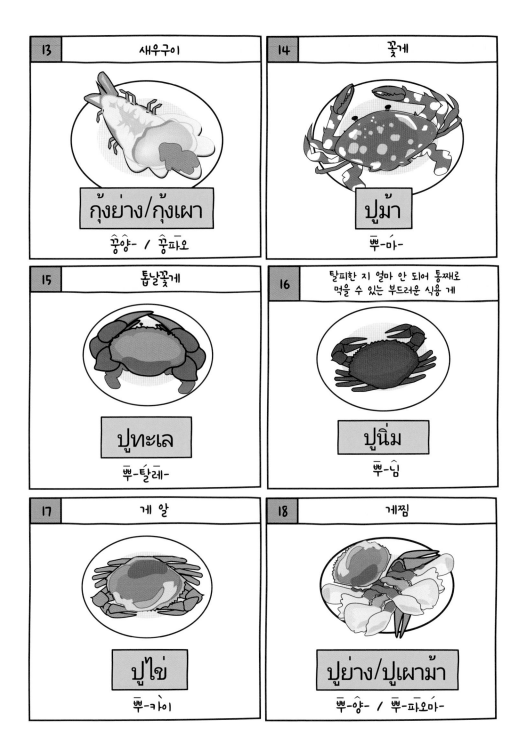

13 새우구이	**14** 꽃게
กุ้งย่าง/กุ้งเผา	ปูม้า
꿍얘- / 꿍파오	뿌-마-
15 톱날꽃게	**16** 탈피한 지 얼마 안 되어 통째로 먹을 수 있는 부드러운 식용 게
ปูทะเล	ปูนิ่ม
뿌-탈레-	뿌-님
17 게 알	**18** 게찜
ปูไข่	ปูย่าง/ปูเผาม้า
뿌-카이	뿌-양- / 뿌-파오마-

19 카레 게 볶음	20 게장
ปูผัดผงกะหรี่	ปูดอง
뿌-팟퐁까리-	뿌-덩-

21 라임을 곁들인 오징어 찜	22 간장을 양념으로 한 찐 새우 당면
ปลาหมึกไข่นึ่งมะนาว	กุ้งอบวุ้นเส้น
쁠라-믁 카이 능 마나-우	꿍홉운쎈-

23 모둠 해산물 무침	24 투구게 알
ยำรวมมิตรทะเล	ไข่แมงดา
얌루-엄밋탈레-	카이맹-다-

25 게 후추 볶음	26 마늘 갯가재 튀김
ปูผัดพริกไทยดำ	กุ้งทอดกระเทียม
뿌-팟프릭타이담	깡 텃-끄라티-얌

27 피쉬소스 생선 튀김	28 간장 생선찜
ปลาทอดน้ำปลา	ปลานึ่งซีอิ๊ว
쁠라-텃- 남쁠라-	쁠라-능씨-이우

29 다진 새우 살 튀김	30 해산물용 소스
ทอดมันกุ้ง	น้ำจิ้มซีฟู้ด
텃-만꿍	남찜 씨-훗-

다 맛있어 보여!

우선 꿍양-(새우구이)을 먹어보자.

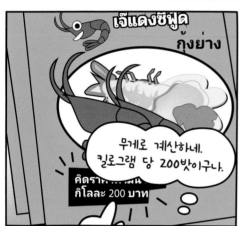

เจ๊แดงซีฟู้ด
กุ้งย่าง

무게로 계산하네.
킬로그램 당 200밧이구나.

คิดราคาเป็น
กิโลละ 200 บาท

혼자니깐 0.5킬로그램만
먹는 게 좋겠어.

3 카레 게 볶음이랑 밥 하나요!

เอา ปู ผัดผงกะหรี่ ข้าวเปล่า 1 จาน ครับ
아오 뿌-팟퐁까리- 카-우쁠라오 능 짠- 크랍

그리고 똠얌탈레-
(해산물 똠얌)도 주세요!

กุ้งย่าง ....
ปูผัดผ
ต้มยำ

96 >> 97

3. 해산물 (อาหารทะเล)

해산물이 한상 가득하네!
다 맛있겠다!

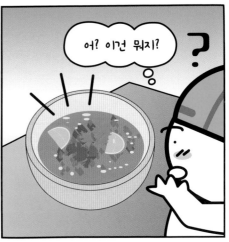

어? 이건 뭐지?

4	이건 뭔가요?

อันนี้คืออะไรครับ
안니- 크- 아라이 크랍

이거는 남찜 씨-훗-
(해산물용 소스)이에요.

아하! 이 소스에
찍어 먹으면 되겠다.

3. 해산물 (อาหารทะเล)

해산물

อาหารทะเล

-표현-

เชิญเลย ครับ มา กี่ ท่าน ครับ
[츤ㅓ-르ㅓ-이 크랍 마- 까- 탄- 크랍]
어서 오세요. 몇 분이세요?

① เชิญเลย ครับ มา กี่ท่าน ครับ
[츤ㅓ-르ㅓ-이 크랍 마- 까- 탄- 크랍] 어서 오세요. 몇 분이세요?

เชิญ(츤ㅓ-)은 위치에 따라 크게 두 가지 의미가 있어요. 첫 번째는 '초대하다'라는 뜻의 동사로, 목적어(명사) 앞에 오는 경우예요.

예 เชิญ นักร้อง [츤ㅓ-낙렁-] 가수를 초대하다.

두 번째는 문장 맨 앞에 오는 경우인데, 영어의 please와 같이 '~해 주세요, 부디, 제발'이라는 의미로 사용해요. เชิญ ครับ(캅) (츤ㅓ - 크랍(카)) 자체로도 상황에 따라 '어서 오세요, 드세요, 앉으세요.'로 쓰여 상대방에게 예의 있게 무언가를 권할 때 사용할 수 있어요.

예 เชิญ นั่ง [츤ㅓ-낭] 앉으세요.
เชิญ ข้างใน [츤ㅓ-캉-나이] 안으로 들어오세요.

**นั่ง [낭] 앉다 / ข้างใน [캉-나이] 안쪽

มา(마-)는 '오다'이고, กี่ ท่าน(까- 탄-)은 '몇 분'으로 '몇 명'이라는 กี่ คน(까- 콘)의 높임말이에요.

103

มา คนเดียว ครับ

[마- 콘디-여우 크랍]

혼자예요.

2 มา คนเดียว ครับ [마- 콘디-여우 크랍] **혼자예요.**

มา กี่ ท่าน(마- 까-탄-: 몇 분 오셨어요?) 또는 มา กี่ คน(마- 까- 콘: 몇 명 왔어요?)에 대한 대답은 사람을 세는 수량사 คน(콘 : ~명)을 사용하면 돼요. 예를 들어, มา 3 คน (마- 쌈- 콘)은 '세 명 왔어요.'라는 뜻으로, 수량사 คน(콘) 앞에 숫자를 넣어 말하며, 문장 앞에 มา(마-: 오다)를 생략하고 3 คน (쌈- 콘: 세 명)이라고 해도 돼요. 혼자일 때는 1 คน (능 콘: 한 명) 대신에 '혼자'라는 표현인 คนเดียว(콘디-여우)를 사용해서 말하는 경우가 많아요.

เอา ปูผัดผงกะหรี่ ข้าวเปล่า 1 จาน ครับ

[아오 뿌-팟퐁까리- 카-우쁠라오 능 짠- 크랍]

카레 게 볶음이랑 밥 하나요!

3 เอา ปูผัดผงกะหรี่ ข้าวเปล่า 1 จาน ครับ

[아오 뿌-팟퐁까리- 카-우쁠라오 능 짠- 크랍]

카레 게 볶음이랑 밥 하나요!

เอา(아오)는 '가지다, 갖다'라는 뜻으로, ขอ(카-: 주세요) 대신에 쓸 수 있

어요. 이 외에도 เอา(아오)는 한국어로 '~하시겠습니까?, 드시겠어요?'로 해석돼요. 예를 들어, '커피 드시겠어요?'라고 물을 때, เอา กาแฟ ไหม(아오 까-홰- 마이)라고 말하면 되고, 답변으로 '먹겠다'고 할 땐 เอา(아오), 거절할 땐 ไม่ เอา(마이 아오)라고 대답해요.

อันนี้ คือ อะไร ครับ
[อันนี้- 크- 아라이 크랍]
이건 뭔가요?

❹ อันนี้ คือ อะไร ครับ [อันนี้- 크- 아라이 크랍] **이건 뭔가요?**

อันนี้(อันนี้-)는 '이것'이라는 어휘로 일상생활에서 물건을 가리킬 때 많이 써요. คือ (크-)는 '~이다'로 가리키는 대상이 사람이 아닌 사물, 장소, 고유명사나 단순 문장일 때 사용해요. 예를 들어 '이것은 가방이다.', '이것은 경복궁이다.'처럼 'A는 B다.'라고 말할 때 쓰는 거예요. อะไร (아라이)는 '무엇, 무슨'의 뜻을 가진 의문사로, คืออะไร (크- 아라이)는 '~는 뭐예요?'가 돼요. อันนี้คืออะไร (อันนี้- 크- 아라이: 이것은 뭐예요?)에 대한 대답은 'อันนี้คือ อันนี้- 크- + (명사): 이것은 (명사)예요.' 로 하면 돼요.

⬤ อันนี้ คือ อะไร [อันนี้- 크- 아라이] **이것은 뭐예요?**
   อันนี้ คือ ส้มโอ [อันนี้- 크- 쏨오-] **이것은 포멜로예요.**

   ส้มโอ [쏨오-] **포멜로

105

해산물

อาหารทะเล

-단어-

1. 새우 กุ้ง [꿍]

2. 게 ปู [뿌-]

3. 조개 หอย [허-이]

4. 생선 ปลา [쁠라-]

5. 오징어 ปลาหมึก [쁠라-믁]

6. 갯가재 กั้ง [깡]

7. 홍합 หอยแมลงภู่ [허-이말랭-푸-]

8. 해파리 แมงกะพรุน [맹-까프룬]

9. 굴 หอยนางรม [허-이 낭-롬]

10. 꼬막 หอยแครง [허-이 크랭-]

11. 가리비 หอยเชล [허-이 첸-]

단어

12. 오징어 구이 ปลาหมึกย่าง [쁠라-묵 양-]

13. 새우구이 กุ้งย่าง/กุ้งเผา [꿍양- / 꿍파오]

14. 꽃게 ปูม้า [뿌-마-]

15. 톱날꽃게 ปูทะเล [뿌-탈레-]

16. 탈피한 지 얼마 안 되어 통째로 먹을 수 있는 부드러운 식용 게 ปูนิ่ม [뿌-님]

17. 게 알 ปูไข่ [뿌-카이]

18. 게찜 ปูย่าง/ปูเผาม้า [뿌-양- / 뿌-파오마-]

19. 카레 게 볶음 ปูผัดผงกะหรี่ [뿌-팟퐁까리-]

20. 게장 ปูดอง [뿌-덩-]

21. 라임을 곁들인 오징어 찜 ปลาหมึกไข่นึ่งมะนาว [쁠라-묵 카이 능 마나-우]

22. 간장을 양념으로 한 찐 새우 당면   กุ้งอบวุ้นเส้น [꿍옵운쎈-]

23. 모듬 해산물 무침   ยำรวมมิตรทะเล [얌루-엄밋 탈레-]

24. 투구게 알   ไข่แมงดา [카이맹-다-]

25. 게 후추 볶음   ปูผัดพริกไทยดำ [뿌-팟프릭타이 담]

26. 마늘 갯가재 튀김   กุ้งทอดกระเทียม [깡 텃- 끄라티-얌]

27. 피쉬소스 생선 튀김   ปลาทอดน้ำปลา [쁠라-텃- 남쁠라-]

28. 간장 생선찜   ปลานึ่งซีอิ๊ว [쁠라-능 씨-이우]

29. 다진 새우 살 튀김   ทอดมันกุ้ง [텃-만꿍]

30. 해산물용 소스   น้ำจิ้มซีฟู้ด [남찜 씨-훗-]

31. 해산물   อาหารทะเล [아-한- 탈레-]

알아두기!

태국어로 요리 사이즈 말하기

1 ธรรมดา(탐마다-) / พิเศษ(피쎗-)

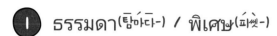

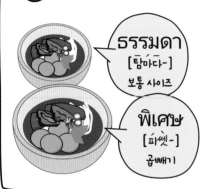

ธรรมดา
[탐마다-]
보통 사이즈

พิเศษ
[피쎗-]
곱빼기

ธรรมดา(탐마다-)는 '보통 사이즈',
พิเศษ(피쎗-)은 '곱빼기'를 뜻해요.
주로 국수(ก๋วยเตี๋ยว 꾸-어이띠-
여우)가게에서 많이 말해요.

2 เล็ก(렉) / กลาง(끌랑-) / ใหญ่(야이)

เล็ก(렉)은 '작다', กลาง(끌랑-)은 '중간', ใหญ่(야이)는 '크다'는 의미로
한국 식당에서의 소(小), 중(中), 대(大) 사이즈라고 생각하면 쉬워요. 식당
사장님에게 사람 수에 따라 어떤 사이즈가 적당한지 물어보면 친절하게
대답해줄 거예요.

เล็ก[렉] 작다　กลาง[끌랑-] 중간　ใหญ่[야이] 크다

3 ถ้วย(투-어이) / หม้อ(머-)

주로 국물이 있는 요리를 주문할 때 말하는 단어예요. ถ้วย(투-어이)는 '1인분 정도의 한 그릇 크기'이며, 더 많이 주문하고 싶을 때는 냄비를 뜻하는 หม้อ(머-)로 말하면 돼요.

หม้อ
[머-]
냄비

그릇에 드릴까요?
냄비에 드릴까요?

ถ้วย
[투-어이]
일 인분 정도의
한그릇 크기

4 새우, 게, 조개, 생선 등 들어가는 재료에 따라 음식 가격이 달라질 수도 있으니 주문 전에 미리 확인하는 것이 좋아요.

4
길거리
음식
อาหารริมทาง

4. 길거리 음식 (อาหารริมทาง)

와우! 무-양-이랑 카-우니-여우랑
정말 잘 어울리는걸~!

저 흰색 음료는 뭐지?

안녕하세요?
무슨 음료예요?

ร้านพี่
น้ำเต้าหู้

남따오후-(두유)예요.
드셔 보세요.

남따오후-
한 봉지 주세요.

ร้านพี่เหมียว
น้ำเต้าหู้ ปาทองโก๋[+]

4. 길거리 음식 (อาหารริมทาง)

4. 길거리 음식 (อาหารริมทาง)

1	돼지 구이	2	닭구이

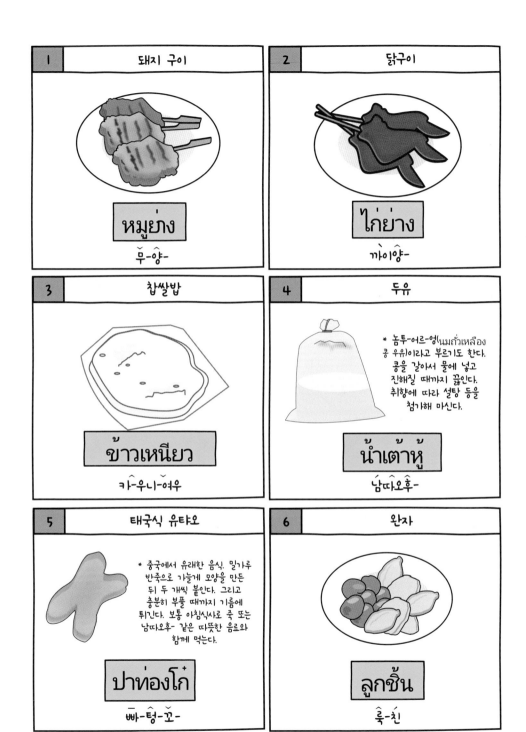

1 돼지 구이
หมูย่าง
무-양-

2 닭구이
ไก่ย่าง
까이양-

3 찹쌀밥
ข้าวเหนียว
카-우니-여우

4 두유
* 놈투-어르-엉(นมถั่วเหลือง 콩 우유)이라고 부르기도 한다. 콩을 갈아서 물에 넣고 진해질 때까지 끓인다. 취향에 따라 설탕 등을 첨가해 마신다.
น้ำเต้าหู้
남따오후-

5 태국식 유탸오
* 중국에서 유래한 음식. 밀가루 반죽으로 가늘게 모양을 만든 뒤 두 개씩 붙인다. 그리고 충분히 부풀 때까지 기름에 튀긴다. 보통 아침식사로 죽 또는 남따오후- 같은 따뜻한 음료와 함께 먹는다.
ปาท่องโก๋
빠-텅-꼬-

6 완자
ลูกชิ้น
룩-친

4. 길거리 음식 (อาหารริมทาง)

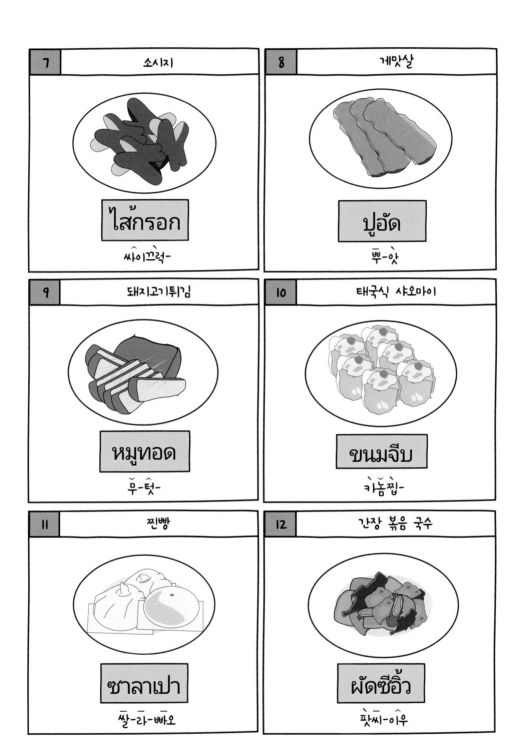

7	소시지	**8**	게맛살

ไส้กรอก

싸이끄럭-

ปูอัด

뿌-앗

9	돼지고기튀김	**10**	태국식 샤오마이

หมูทอด

무-텃-

ขนมจีบ

카놈찝-

11	찐빵	**12**	간장 볶음 국수

ซาลาเปา

쌀-라-빠오

ผัดซีอิ๊ว

팟씨-이우

13	춘권 튀김
	 ปอเปี๊ยะทอด 뻐-삐야텃-

14	생선구이
	 ปลาเผา 쁠라-파오

15	죽
	 โจ๊ก / ข้าวต้ม 쪽- / 카-우똠

16	계란구이
	 ไข่ย่าง 카이 양-

17	볶음국수
	 ผัดไทย 팟타이

18	태국식 울면
	 ราดหน้า 랏-나-

19	파파야 생채 무침		20	곤충 튀김

ส้มตำ

쏨땀

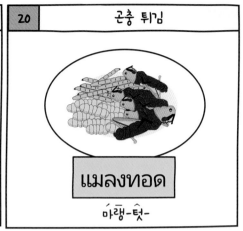

แมลงทอด

마랭-텃-

먹으며 걷다 보니 카-우싼(ข้าวสาร)까지 왔네~

이건! 곤충 튀김! 아직 먹어본 적이 없는데

안녕하세요? 이건 어떻게 주문해야 돼요?

드시고 싶은 것을 고르면 돼요.

4. 길거리 음식 (อาหารริมทาง)

4. 길거리 음식 (อาหารริมทาง)

길거리 음식

อาหารริมทาง

-표현-

เอา หมูย่าง ไหม ครับ
[아오　무-양-　　　마이 크랍]
돼지 구이 먹을래요?

① เอา หมูย่าง ไหม ครับ [아오 무-양- 마이 크랍]
돼지 구이 먹을래요?

ไหม(마이)는 태국어의 가장 기본적인 의문조사로, 문장 끝에 붙어 평서문을 의문문으로 만들어 줘요. เอา หมูย่าง(아오 무-양-: 돼지 구이를 먹는다.)라는 평서문 뒤에 ไหม(마이)를 붙이면 เอา หมูย่าง ไหม (아오 무-양- 마이)로 '돼지 구이 먹을래요?'라는 의문문이 돼요.

의문조사 ไหม(마이)의 위치는 아래와 같아요.

(주어) + 서술어 + (목적어) + ไหม [마이]

예 สวย ไหม [쑤-어이 마이] 예뻐요?
น่ารัก ไหม [나-락 마이] 귀여워요?
ไป ไหม [빠이 마이] 가요?
ชอบ ไหม [첩- 마이] 좋아해요?

** สวย [쑤-어이] 예쁘다 / น่ารัก [나-락] 귀엽다 / ไป [빠이] 가다 /
ชอบ [첩-] 좋아하다

표현

129

ขาย ยังไง ครับ

[คะ-อิ ย่างอึงอาิ ครับ]

어떻게 팔아요?

---

② ขาย ยังไง ครับ [คะ-อิ ย่างอึงอาิ ครับ] **어떻게 팔아요?**

ขาย(คะ-อิ)는 '팔다'라는 동사, ยังไง(ย่างอึงอาิ)는 '어떻게'라는 의문사로
ขาย ยังไง(คะ-อิ ย่างอึงอาิ)는 '어떻게 팔아요?'라고 가격을 물어보는 표현
이에요. 여기서 ยังไง(ย่างอึงอาิ)는 อย่างไร(ย่าง-ราิ: 어떻게)의 회화체 형태
예요. 이 문장 외에 가격을 물어 보는 태국어 표현은 아래와 같이 여러 가지
가 있어요.

가격과 관련된 질문

ราคา เท่าไร [ราคา ท่าอราิ] 가격이 얼마예요?

กี่ บาท [กิ-บาท-] 몇 밧이에요?

ขาย อย่างไร / ขาย ยังไง [คะ-อิ ย่าง-ราิ / คะ-อิ ย่างอึงอาิ] 어떻게 파세요?

อัน ละ กี่ บาท [อัน ละ กิ- บาท-] 하나에 몇 밧이에요?

** ราคา [ราคา] 가격 / เท่าไร [ท่าอราิ] 얼마(의문사) / อัน [อัน] 것, ~개

130

ไม้ ละ 10 บาท ครับ

[마이 라 씹 밧- 크랍]

한 꼬치 당 10밧이에요.

3 ไม้ ละ 10 บาท ครับ [마이 라 씹 밧- 크랍]
한 꼬치 당 10밧이에요.

ไม้(마이)는 꼬치, ละ(라)는 한국어의 '~당, ~에, ~마다'에 해당하는 어휘예요. ไม้ ละ (마이 라)는 '(한) 꼬치 당, (한) 꼬치에'가 되겠네요. บาท(밧-)은 태국 돈의 단위로 한국에서는 '바트'로 알려져 있으나 원래 태국어 발음은 '밧-'이랍니다.

예 คน ละ เท่าไร [콘 라 타오라이] (한) 사람 당 얼마예요?

300 บาท [쌈- 러-이 밧-] 300밧이요.

** คน [콘] 사람, ~명

ขอ ไม่ เผ็ด ครับ

[ขว- ไม่ เพ็ด ครับ]

안 매운 것으로 뿌려 주세요.

④ ขอ ไม่ เผ็ด ครับ [ขว- ไม่ เพ็ด ครับ]

안 매운 것으로 뿌려 주세요.

태국어 부정사 ไม่(ไม่)는 동사, 형용사, 조동사, 부사 등의 앞에 붙어 해당 어휘를 부정하는 역할을 해요. เผ็ด(เพ็ด)은 '맵다'라는 뜻인데, 앞에 ไม่(ไม่)가 붙어 '안 맵다'가 되는 거예요.

예 ไม่ กิน [ไม่ กิน] 안 먹어요.

ไม่ ร้อน [ไม่ ร้อน-] 안 더워요.

** กิน [กิน] 먹다 / ร้อน [ร้อน-] 덥다

ทาน ให้อร่อย นะคะ
[탄-   하이 아러-이   나카]

맛있게 드세요.

⑤ ทาน ให้อร่อย นะคะ [탄- 하이 아러-이 나카] **맛있게 드세요.**

ให้(하이)는 위치에 따라 뜻이 다른데, 이 문장에서는 อร่อย(아러-이: 맛있다)라는 형용사 앞에 위치하여 '~하게'라는 의미로 쓰여요. 그러면 ให้อร่อย(하이 아러-이)는 '맛있게'가 되겠죠?

예 ผม ทำ อาหาร ให้อร่อย [폼 탐 아-한- 하이 아러-이]

나는 음식을 맛있게 만든다.

  ** ทำ [탐] 하다, 만들다 / อาหาร [아-한-] 음식, 요리

ให้(하이)의 다른 뜻을 볼까요?

(주는 사람) + ให้(하이: 주다) + (주는 물건) + (받는 사람)

예 คุณแม่ ให้ เงิน ดิฉัน [쿤매- 하이 응언- 디찬] 어머니가 나에게 돈을 주신다.

동사 + (목적어) + ให้(하이: ~해 주다)

예 ครู สอน ภาษาไทย ให้ [크루- 썬- 파-싸-타이 하이]

선생님이 태국어를 가르쳐 주신다.

  ** คุณแม่ [쿤매-] 어머니 / เงิน [응언-] 돈 / ครู [크루-] 선생님 /

     สอน [썬-] 가르치다 / ภาษาไทย [파-싸-타이] 태국어

표현

133

มา จาก เกาหลี ใช่ไหม คะ
[มา- ฉัก- ก้าวล-ลี- ชา-อี-ม้าย คะ]
한국에서 오셨지요?

6 มา จาก เกาหลี ใช่ไหม คะ
[มา- ฉัก-ก้าวล-ลี- ชา-อี-ม้าย คะ] **한국에서 오셨지요?**

มา จาก (มา- ฉัก-)은 '~로부터 오다'라는 표현으로 국적 또는 실제 어떤 장
소로부터 왔는지 물어볼 때 사용해요.

예 คุณ มา จาก ไหน [คุน มา- ฉัก- น้าย] 어디에서 왔어요?
ผม มา จาก ประเทศเกาหลี [ผม มา- ฉัก- ปร้า-เทต- ก้าวล-ลี-]

한국에서 왔어요.

วันนี้ คุณ มา จาก ไหน [วัน-นี้- คุน มา-ฉัก- น้าย] 오늘 어디에서 왔어요?
วันนี้ ดิฉัน มา จาก โรงเรียน [วัน-นี้- ดิ-ฉัน มา-ฉัก- โรง-รี-ยัน]

오늘 학교에서 왔어요.

** คุณ [คุน] (2인칭)당신 / ไหน [น้าย] 어디, 어떤 /
ประเทศเกาหลี [ปร้า-เทต- ก้าวล-ลี-] 한국 / วันนี้ [วัน-นี้-] 오늘 /
โรงเรียน [โรง-รี-ยัน] 학교

134

ใช่ไหม(ชฺาย มฺาย)는 앞의 내용을 확인하는 의문 조사로 '그렇지요?, 이지
요?' 정도로 확신하고 물을 때 사용해요.

例 คุณ เป็น คนเกาหลี ใช่ไหม [쿤 뻰 콘까올리- 차이 마이] 한국사람이지요?

ใช่ / ไม่ใช่ [차이 / 마이 차이] 그래요 / 그렇지 않아요.

** คนเกาหลี [콘까올리-] 한국 사람

길거리
음식

อาหารริมทาง

-단어-

1. 돼지 구이 หมูย่าง [무-양-]

2. 닭구이 ไก่ย่าง [까이 양-]

3. 찹쌀밥 ข้าวเหนียว [카-우니-여우]

4. 두유 น้ำเต้าหู้ [남따오후-]

5. 태국식 유탸오 ปาท่องโก [빠-텅-꼬-]

6. 완자 ลูกชิ้น [룩-친]

7. 소시지 ไส้กรอก [싸이끄럭-]

8. 게맛살 ปูอัด [뿌-앗]

9. 돼지고기튀김 หมูทอด [무-텃-]

10. 태국식 샤오마이 ขนมจีบ [카놈찝-]

11. 찐빵 ซาลาเปา [쌀-라-빠오]

137

단어

12. 간장 볶음 국수 ผัดซีอิ๊ว [팟씨-이우]

13. 춘권 튀김 ปอเปี๊ยะทอด [뻐-삐야텃-]

14. 생선구이 ปลาเผา [쁠라-파오]

15. 죽 โจ๊ก [쪽- / 카-우똠]

16. 계란구이 ไข่ย่าง [카이 양-]

17. 볶음국수 ผัดไทย [팟타이]

18. 태국식 울면 ราดหน้า [랏-나-]

19. 파파야 생채 무침 ส้มตำ [쏨땀]

20. 곤충 튀김 แมลงทอด [마랭-텃-]

21. 죽과 반찬 ข้าวต้มกุ๊ย [카-우똠꾸이]

22. 여러 재료를 넣은 죽 ข้าวต้มทรงเครื่อง [카-우똠쏭크르-엉]

23. 길거리 음식 อาหารริมทาง [아-한-림탕-]

단어

알아두기!

태국의 다양한 길거리 음식

태국은 다양한 길거리 음식으로 유명하죠!
태국 전국, 언제 어디든지 길거리 음식을
먹을 수 있어요. 길거리 음식은 식사 대용의
요리, 음료, 간식 등 종류가 다양하고 가격이
저렴해서 부담 없이 즐길 수 있어요.

하지만 자칫 위생이 불량한 길거리 노점상 음식을 먹을 경우 설사, 복통, 식중독과 같은 증상이 있을 수 있기 때문에 위생 상태를 꼭 살펴가며 먹어야 해요

**5
과일
ผลไม้**

5. 과일 (ผลไม้)

5. 과일 (ผลไม้)

1	두리안	2	망고스틴

ทุเรียน

투리-얀

มังคุด

망쿳

3	람부탄	4	잭푸르트

เงาะ

응어

ขนุน

카눈

5	피타야, 용과	6	오렌지, 귤

แก้วมังกร

깨-우망껀-

ส้ม

쏨

| 7 | 바나나 | 8 | 포멜로 |

กล้วย

끌루-어이

ส้มโอ

쏨오-

| 9 | 망고 | 10 | 용안 |

มะม่วง

마무-엉

ลำไย

람야이

| 11 | 리치 | 12 | 수박 |

ลิ้นจี่

린찌-

แตงโม

땡-모-

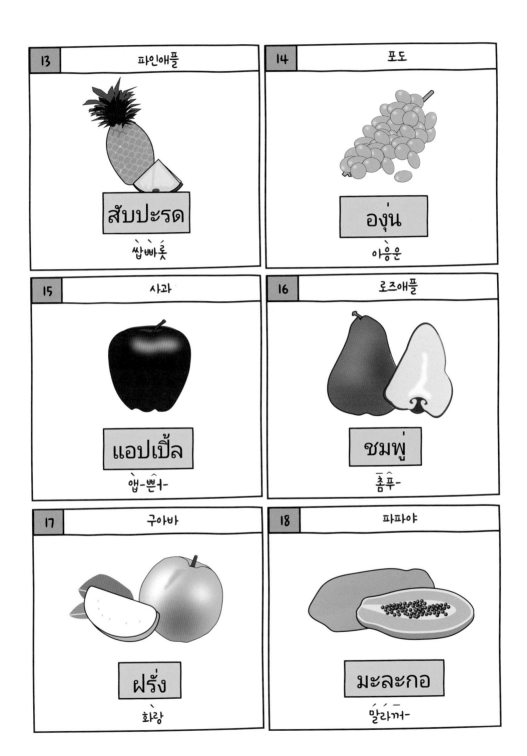

13 파인애플	14 포도
สับปะรด	องุ่น
쌉빠롯	아웅운

15 사과	16 로즈애플
แอปเปิ้ล	ชมพู่
앱-쁜ㅓ-	촘푸-

17 구아바	18 파파야
ฝรั่ง	มะละกอ
화랑	말라꺼-

19	배	20	코코넛

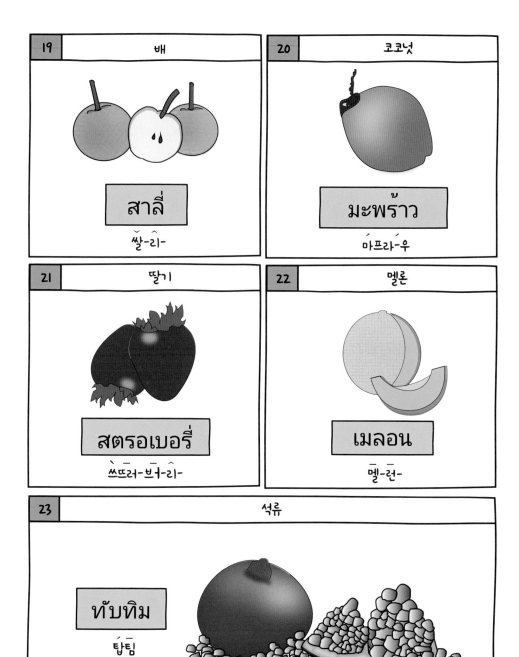

19 배

สาลี่

쌀-리-

20 코코넛

มะพร้าว

마프라-우

21 딸기

สตรอเบอรี่

쓰뜨러-버-리-

22 멜론

เมลอน

멜-런-

23 석류

ทับทิม

탑팀

5. 과일 (ผลไม้)

과일
ผลไม้

-표현-

ขอ ตั๋ว ไป ระยอง 1 ใบ ครับ
[커- 뚜-어 빠이 라영- 능 바이 크랍]
라영-행 표 한 장 주세요.

1 ขอ ตั๋ว ไป ระยอง 1 ใบ ครับ
[커- 뚜-어 빠이 라영- 능 바이 크랍] **라영-행 표 한 장 주세요.**

태국에서 기차나 버스, 비행기 등 교통수단의 표ตั๋ว(뚜-어)를 구매할 때 '가다'ไป(빠이)라는 동사로 행선지를 말할 수 있어요.

예 ตั๋ว ไป ประเทศไทย [뚜-어 빠이 쁘라텟-타이] 태국 가는 표
ตั๋ว ไป สนามบิน [뚜-어 빠이 싸남-빈] 공항 가는 표

ประเทศไทย [쁘라텟-타이] 태국 / **สนามบิน [싸남-빈] 공항

태국어 부호	명칭	역할
คน [콘] 명	사람	**คนไทย 3 คน** [콘 타이 쌈- 콘] 태국인 세 명
ตัว [뚜-어] 마리, 개	동물, 옷, 의자, 인형 등	**หมา 2 ตัว** [마- 썽- 뚜-어] 개 두 마리
อัน [안] 개	물건	**ปากกา 1 อัน** [빠-까- 능 안] 볼펜 한 개
เล่ม [렘-] 권	책	**หนังสือ 4 เล่ม** [낭쓰- 씨- 렘-] 책 네 권
ใบ [바이] 장, 개	표, 모자 등	**ตั๋ว 3 ใบ** [뚜-어 쌈- 바이] 표 세 장
หลัง [랑] 채	집	**บ้าน 2 หลัง** [반- 썽- 랑] 집 두 채

과일
ผลไม้

-단어-

1. 두리안 ทุเรียน [투리-얀]

2. 망고스틴 มังคุด [망쿳]

3. 람부탄 เงาะ [응어]

4. 잭푸르트 ขนุน [카눈]

5. 피타야, 용과 แก้วมังกร [깨-우망껀-]

6. 오렌지, 귤 ส้ม [쏨]

7. 바나나 กล้วย [끌루-어이]

8. 포멜로 ส้มโอ [쏨오-]

9. 망고 มะม่วง [마무-엉]

10. 용안 ลำใย [람야이]

11. 리치 ลิ้นจี่ [린찌-]

12. 수박 แตงโม [땡-모-]

13. 파인애플 สับปะรด [쌉빠롯]

14. 포도 องุ่น [아응운]

15. 사과 แอปเปิ้ล [앱-쁜ㅓ-]

16. 로즈애플 ชมพู่ [촘푸-]

17. 구아바 ฝรั่ง [화랑]

18. 파파야 มะละกอ [말라꺼-]

19. 배 สาลี่ [쌀-리-]

20. 코코넛 มะพร้าว [마프라-우]

21. 딸기 สตรอเบอรี่ [쓰뜨러-브ㅓ-리-]

22. 멜론 เมลอน [멜-런-]

23. 석류 ทับทิม [탑팀]

24. 과일에 찍어 먹는 소금 양념 น้ำจิ้มพริกเกลือ
[남찜프릭끌르-어]

25. 과일 ผลไม้ [폰라마이]

태국은 열대과일의 천국

태국은 맛있는 열대과일의 천국이에요. 태국 전역으로 맛있는 과일을 맛볼 수 있는 가장 최적의 시기는 1월부터 5월까지! 특히 4월은 과일의 여왕인 두리안 (ทุเรียน 투리-얀)을 시장에서 만날 수 있어요. 또한, 이 시기에는 태국 내 일부 과수원에서 과일 뷔페를 여는데 라영과 짠타부리에 특히 많아요. 과일을 좋아한다면 다양한 열대과일을 맛볼 수 있는 과일 뷔페에 가보기를 추천해요.

다만 대부분의 열대과일은 당도가 높은 편이기 때문에 당뇨병 등 건강상 문제가 있다면 적당한 양만 섭취하는 것이 좋겠죠? 또, 열대과일은 먹고 난 후 몸 내부에 열을 오르게 할 수 있으므로 술과 함께 먹는 것은 좋지 않을 수 있어요.

5. 과일 (ผลไม้)

6
음료
เครื่องดื่ม

3	메뉴 좀 보여 주세요.

ขอดูเมนูหน่อยครับ
커-두- 메-누- 너-이 크랍

6. 음료 (เครื่องดื่ม)

1 물	2 태국식 아이스밀크티
น้ำเปล่า	ชาเย็น / ชาไทย
남 쁠라오	차-옌 / 차-타이

3 따뜻한 차	4 아이스 커피
ชาร้อน	กาแฟเย็น
차-런-	까-홰-옌

5 핫 커피	6 라임 아이스티
กาแฟร้อน	ชามะนาว
까-홰-런-	차-마나-우

6. 음료 (เครื่องดื่ม)

7	과일 주스

น้ำผลไม้

남폰라마이

8	과일 셰이크

น้ำผลไม้ปั่น

남폰라마이 빤

9	생과일주스

น้ำผลไม้สด

남폰라마이 쏫

10	캔/팩 과일 주스

น้ำผลไม้กระป๋อง/กล่อง

남폰라마이 끄라뻥-/끌렁-

11	오렌지 주스

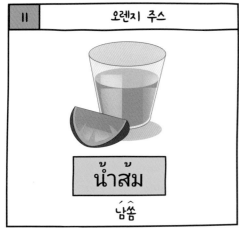

น้ำส้ม

남쏨

12	사과 주스

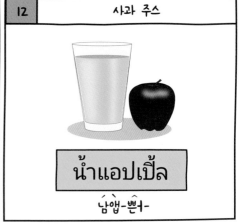

น้ำแอปเปิ้ล

남앱-쁜ㅓ-

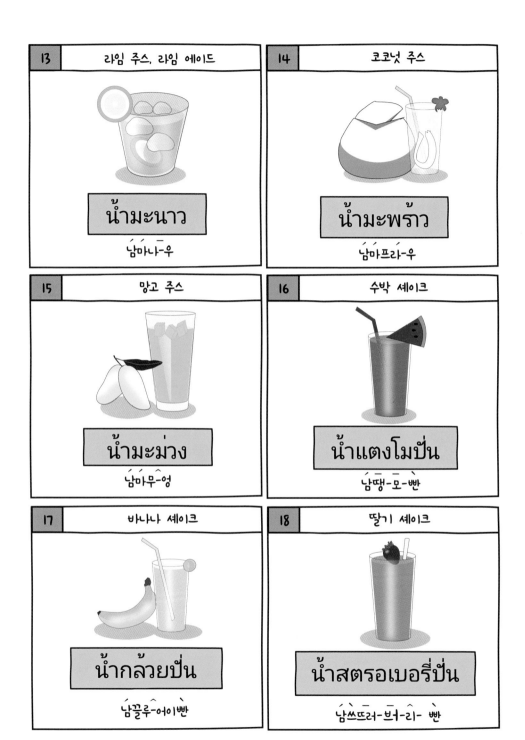

19	콜라	20	스프라이트

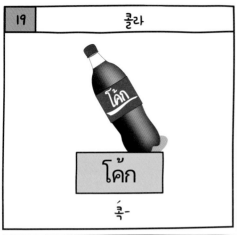

โค้ก

โค้ก

콕-

สไปรท์

쓰쁘라이

21	오렌지색 음료 / 초록색 음료 / 붉은색 음료

태국에서는 음료를
구매하거나 주문할 때
음료의 색깔로 말하는
경우가 많다.

น้ำส้ม/ น้ำเขียว/ น้ำแดง

남쏨/ 남키-여우/ 남댕-

22	생강 주스, 생강 차

น้ำขิง

남킹

23	오완띤 / 마일로 주스

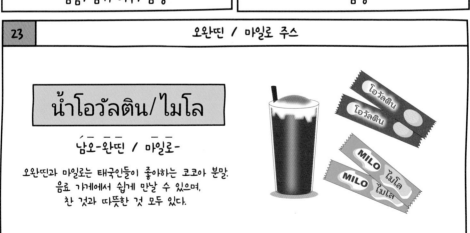

น้ำโอวัลติน/ไมโล

남오-완띤 / 마일로-

오완띤과 마일로는 태국인들이 좋아하는 코코아 분말.
음료 가게에서 쉽게 만날 수 있으며,
찬 것과 따뜻한 것 모두 있다.

24 술(보통 양주를 의미)	25 와인

เหล้า	ไวน์
라오	와이

26 샴페인	27 칵테일
แชมเปญ	ค็อกเทล
챔-뺀-	컥텐-

28 탄산수, 소다수	29 얼음
โซดา	น้ำแข็ง
쏘-다-	남캥

30 버블티	31 태국식 아이스 블랙커피
ชานมไข่มุก	โอเลี้ยง
차-놈카이묵	올-리-양
32 용안 주스	33 토마토 주스
น้ำลำไย	น้ำมะเขือเทศ
남람야이	남마크-어텟-
34 레드 와인	35 화이트 와인
ไวน์แดง	ไวน์ขาว
와이댕-	와이카-우

6. 음료 (เครื่องดื่ม)

음료

เครื่องดื่ม

-표현-

ไม่ทราบ จอง ไว้ ใน ชื่อ อะไร ครับ

[마이 쌉-   쩡- 와이 나이 츠- 아라이 크랍]

예약자 성함이 어떻게 되세요?

---

① ไม่ทราบ จอง ไว้ ใน ชื่อ อะไร ครับ

[마이 쌉- 쩡- 와이 나이 츠- 아라이 크랍]

예약자 성함이 어떻게 되세요?

ไม่ทราบ(마이 쌉-)은 원래 '모르다'라는 의미인데, 의문문 앞에 붙으면 예의 바른 어투로 바꾸는 역할을 해요. ไม่ทราบ(마이 쌉-: 모르다) 뒤에 ว่า(와-: ~라고)를 붙여 ไม่ทราบว่า(마이 쌉-와-: ~라고 모르다, ~가 궁금하다)라고 표현할 수 있어요.

에 ไม่ทราบว่า รถไฟ ออก กี่โมง [마이 쌉-와- 롯화이 억- 끼-몽-]

기차가 몇 시에 출발하는지 궁금합니다.

** รถไฟ [롯화이] 기차 / ออก [억-] 출발하다, 나오다 /

กี่โมง [끼-몽-] 몇 시?

ทางนี้ เลย ครับ

[탕-니- ㄹㅓ-이 크랍]

이쪽으로 오세요.

2 ทางนี้ เลย ครับ [탕-니- ㄹㅓ-이 크랍] **이쪽으로 오세요.**

เลย(ㄹㅓ-이)는 위치에 따라 여러 가지 의미를 나타내요. 이 문장처럼 문장 뒤에 오면 의미를 강조하는 역할을 하고, 주어 뒤, 동사 앞에 붙으면 '그래서'라는 접속사의 역할로 바뀌어요.

예 ไม่ ยาก เลย [마이 약- ㄹㅓ-이] (전혀) 어렵지 않아요. – 강조

ผม เลย มา คนเดียว [폼 ㄹㅓ-이 마- 콘디여-우]

그래서 혼자 왔어요. –그래서(접속사)

**ยาก [약-] 어렵다

ขอ ดู เมนู หน่อย ครับ

[커- 두- 메-누- 너-이 크랍]

메뉴 좀 보여 주세요.

3 ขอ ดู เมนู หน่อย ครับ [커- 두- 메-누- 너-이 크랍]
메뉴 좀 보여 주세요.

ขอ(커-) 다음에 동사가 오면 '~해 주세요'의 의미가 돼요. ดู(두-)는 '보

다'의 의미이므로 ขอดู(커- 두-)는 '~보여 주세요'가 되겠네요.

🔵 ขอ ดู รองเท้า หน่อย [커-두-렁-타오 너-이] 신발 좀 보여 주세요.
ขอ ดู เสื้อ หน่อย [커-두-쓰-어 너-이] 옷 좀 보여 주세요.

** รองเท้า [렁-타오] 신발 / เสื้อ [쓰-어] 옷

งั้น พวกเรา มา ชนแก้ว กัน
[응안 푸-억라오 마 촌 깨-우 깐]
그럼, 우리 건배하자!

④ งั้น พวกเรา มา ชนแก้ว กัน
[응안 푸-억라오 마 촌 깨-우 깐] 그럼, 우리 건배하자!

งั้น(응안)은 문장 앞에 써서 '그럼'이라는 의미로 쓰여요. 비슷한 어휘로
는 ถ้างั้น(타-응안: 만약 그럼), อย่างนั้น(양-난: 그렇다면), ถ้าอย่างนั้น(
타-양-난: 만약 그렇다면) 등이 있어요.
พวก(푸-억)을 단수 명사에 붙이면 '~들'이라는 복수로 만들어 줘요.

🔵 พวกเขา [푸-억 카오] 그들
พวกหนังสือ [푸-억 낭쓰-] 책들

** เขา [카오] (3인칭)그 사람, 그 / หนังสือ [낭쓰-] 책

กัน(깐)은 주어가 두 명 이상인 문장 뒤에 붙여서 '같이, 함께'라는 의미를
더해줘요.

음료

เครื่องดื่ม

-단어-

1.   물 น้ำเปล่า [남 쁠라오]

2.   태국식 아이스밀크티 ชาเย็น/ชาไทย [차-옌 / 차-타이]

3.   따뜻한 차 ชาร้อน [차-런-]

4.   아이스 커피 กาแฟเย็น [까-홰-옌]

5.   핫 커피 กาแฟร้อน [까-홰-런-]

6.   라임 아이스티 ชามะนาว [차-마나-우]

7.   과일 주스 น้ำผลไม้ [남폰라마이]

8.   과일 셰이크 น้ำผลไม้ปั่น [남폰라마이 빤]

9.   생과일주스 น้ำผลไม้สด [남폰라마이 쏫]

10. 캔 / 팩 과일 주스 น้ำผลไม้กระป๋อง/กล่อง
     [남폰라마이 끄라뻥- / 끌렁-]

11. 오렌지 주스 น้ำส้ม [남쏨]

12. 사과 주스 น้ำแอปเปิ้ล [남 앱-쁜ㅓ-]

13. 라임 주스, 라임 에이드 น้ำมะนาว [남마나-우]

14. 코코넛 주스 น้ำมะพร้าว [남마프라-우]

15. 망고 주스 น้ำมะม่วง [남마무-엉]

16. 수박 셰이크 น้ำแตงโมปั่น [남땡-모빤]

17. 바나나 셰이크 น้ำกล้วยปั่น [남끌루-어이빤]

18. 딸기 셰이크 น้ำสตรอเบอรี่ปั่น [남쓰뜨러-브ㅓ-리-빤]

19. 콜라 โค้ก [콕-]

20. 스프라이트 สไปรท์ [쓰쁘라이]

21. 오렌지색 음료 / 초록색 음료 / 붉은색 음료
น้ำส้ม/น้ำเขียว/น้ำแดง [남쏨 / 남키-여우 / 남댕-]

22. 생강 주스, 생강 차 น้ำขิง [남킹]

23. 오완띤 / 마일로 주스 น้ำโอวัลติน/ไมโล
[남오-완띤 / 마일로-]

24. 술(양주) เหล้า [라오]

25. 와인 ไวน์ [와이]

26. 샴페인 แชมเปญ [챔-뻰-]

27. 칵테일 ค็อกเทล [켁텐-]

28. 탄산수, 소다수 โซดา [쏘-다-]

29. 얼음 น้ำแข็ง [남캥]

30. 버블티 ชานมไข่มุก [차-놈 카이 묵]

31. 태국식 아이스 블랙커피 โอเลี้ยง [올-리-양]

32. 용안 주스 น้ำลำไย [남람야이]

33. 토마토 주스 น้ำมะเขือเทศ [남마크-어텟-]

34. 레드 와인 ไวน์แดง [와이댕-]

35. 화이트 와인 ไวน์ขาว [와이 카-우]

36. 잔, 컵 แก้ว [깨-우]

37. 음료 เครื่องดื่ม [크르-엉듬-]

단어

태국의 음주 문화

태국의 음주 문화와 한국의 음주 문화는 조금 다른 부분이 있어요
물론 태국인들도 온더락(On the rock)을 마시거나 한국인들처럼 샷(shot)으로
마시기도 하지만, 태국에서 양주를 마실 때는 보통 양주 잔에
소다수(탄산수)와 얼음 또는 물과 얼음을 같이 넣고 마셔요 또한, 취향에
따라서 양주에 콜라를 섞어 마시기도 해요

เหล้า
[라오]
술(양주)

โซดา
[쏘-다-]
소다

น้ำแข็ง
[남캥]
얼음

양주뿐만 아니라 맥주를 마실 때도 맥주 잔에 얼음을 넣고 마시는 태국인들이 적지 않답니다. 이렇게 술 잔에 꼭 얼음을 넣고 마시는 문화는 태국의 더운 날씨와 무관하지 않겠죠? 태국에서 술을 마시게 된다면 태국식으로 술잔에 얼음과 소다수를 같이 넣어 먹어 보는 것은 어떨까요?

7
디저트와
간식
ของหวานและ
อาหารทานเล่น

7. 디저트와 간식 (ของหวานและอาหารทานเล่น)

7. 디저트와 간식 (ของหวานและอาหารทานเล่น)

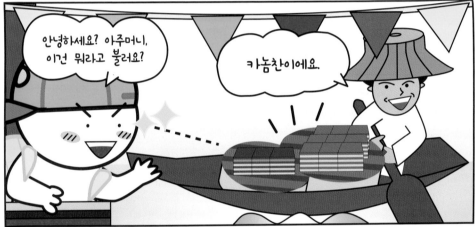

1	텅엿

ทองหยอด

텅-엿

달걀노른자, 맵쌀 가루,
설탕으로 만든 둥근 모양의 과자

2	훠이텅

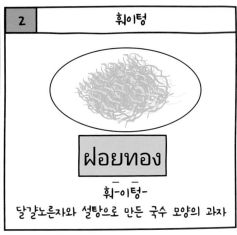

ฝอยทอง

훠-이텅-

달걀노른자와 설탕으로 만든 국수 모양의 과자

3	멛카눈

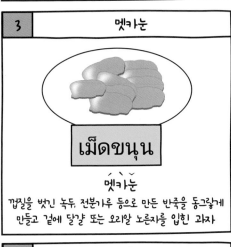

เม็ดขนุน

멛카눈

껍질을 벗긴 녹두, 전분가루 등으로 만든 반죽을 동그랗게
만들고 겉에 달걀 또는 오리알 노른자를 입힌 과자

4	카놈머깽

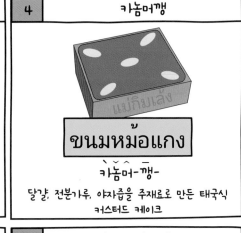

ขนมหม้อแกง

카놈머-깽-

달걀, 전분가루, 야자즙을 주재료로 만든 태국식
커스터드 케이크

5	카놈찬

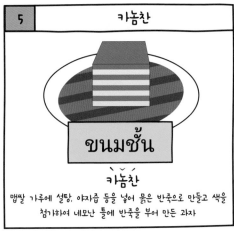

ขนมชั้น

카놈찬

맵쌀 가루에 설탕, 야자즙 등을 넣어 묽은 반죽으로 만들고 색을
첨가하여 네모난 틀에 반죽을 부어 만든 과자

6	다양한 과일 모양의 떡

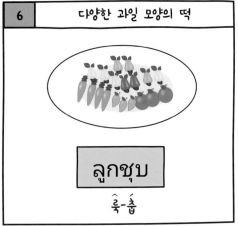

ลูกชุบ

룩-춥

| 7 | 만츠엄 | 8 | 토란 튀김 |

มันเชื่อม

만츠-엄

카사바에 코코넛 크림으로 맛을 낸 간식

เผือกทอด

프-억텃-

| 9 | 카우똠맛 | 10 | 카놈크록 |

ข้าวต้มมัด

카-우똠맛

검은콩을 섞은 찹쌀밥을 바나나 잎에 싸서 찐 떡

ขนมครก

카놈크록

맵쌀 가루와 야자즙을 섞어 만든 반죽을 구운 과자.
취향에 따라 위에 고명을 올리기도 한다.

| 11 | 코코넛밀크 찹쌀밥과 망고 | 12 | 코코넛밀크 찹쌀밥과 두리안 |

ข้าวเหนียวมะม่วง

카-우니-여우마무-엉

ข้าวเหนียวทุเรียน

카-우니-여우투리-얀

7. 디저트와 간식 (ของหวานและอาหารทานเล่น)

13	탑팀끄럽

ทับทิมกรอบ

탑팀끄럽-

껍질을 벗긴 남방개를 붉게 색을 입혀
코코넛밀크에 넣은 디저트

14	태국식 첸돌

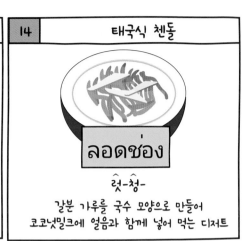

ลอดช่อง

럿-청-

갈분 가루를 국수 모양으로 만들어
코코넛밀크에 얼음과 함께 넣어 먹는 디저트

15	말린 바나나

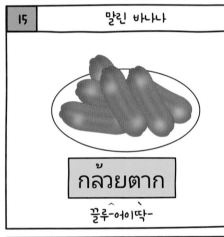

กล้วยตาก

끌루-어이딱-

16	바나나 튀김

กล้วยแขก/กล้วยทอด

끌루-어이캑- / 끌루-어이텃-

17	코코넛밀크에 넣은 익힌 바나나

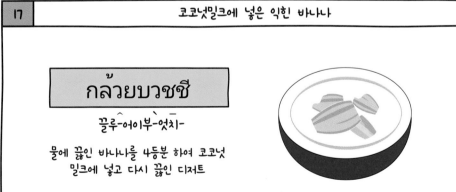

กล้วยบวชชี

끌루-어이부-엇치-

물에 끓인 바나나를 4등분 하여 코코넛
밀크에 넣고 다시 끓인 디저트

| 18 | 코코넛밀크 찹쌀밥과 쌍카야(커스터드) |

ข้าวเหนียวสังขยา

카-우니-여우쌍카야-

| 19 | 빙수 |

น้ำแข็งใส

남캥싸이

| 20 | 텅무언 |

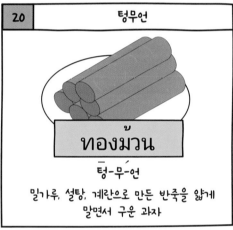

ทองม้วน

텅-무-언

밀가루, 설탕, 계란으로 만든 반죽을 얇게
말면서 구운 과자

| 21 | 코코넛 젤리 |

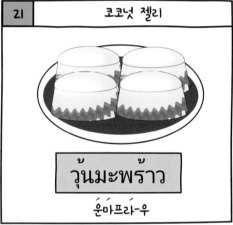

วุ้นมะพร้าว

운마프라-우

| 22 | 구운 계란빵 |

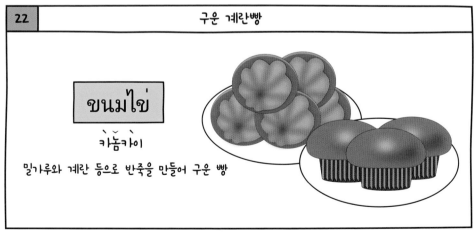

ขนมไข่

카놈카이

밀가루와 계란 등으로 반죽을 만들어 구운 빵

7. 디저트와 간식 (ของหวานและอาหารทานเล่น)

디저트와 간식

ของหวานและ
อาหารทานเล่น

-표현-

ขอบคุณ มาก ครับ
[컵-쿤   막-   크랍]
감사합니다.

① ขอบคุณ มาก ครับ [컵-쿤 막- 크랍] **감사합니다.**

ขอบคุณ(컵-쿤)은 '감사합니다'라는 표현이고 좀 더 친근한 사이에서 사
용하는 감사 표현으로는 ขอบใจ(컵-짜이)가 있어요.
มาก(막-)은 '아주, 매우, 너무, 많이'라는 뜻의 부사로, 동사나 문장 뒤
에 위치해요. มาก(막-)을 두 번 이상 반복하여 강조하기도 해요.

ขอ ชิม หน่อย ได้ไหม ครับ
[커- 침   너이   다이 마이   크랍]
한번 먹어 봐도 될까요?

② ขอ ชิม หน่อย ได้ไหม ครับ
[커- 침 너이 다이 마이 크랍] **한번 먹어 봐도 될까요?**

ได้ไหม(다이 마이)는 '~해도 될까요? ~할 수 있어요?'라는 의미의 의문
사로 정중하게 부탁하거나 물어볼 때 문장 끝에 붙여 말해요.

예 คุณ อ่าน ภาษาไทย ได้ไหม [쿤 안- 파-싸-타이 다이 마이]
태국어를 읽을 수 있어요?

211

ขอ พูด อีกครั้ง ได้ไหม [ขอ- พู้ด- อีก-คฺรั้ง ด้าย ม้าย]

다시 한 번 말해 줄 수 있어요?

**อ่าน [อ่าน-] 읽다 / พูด [พู้ด-] 말하다 / อีกครั้ง [อีก-คฺรั้ง] 다시 한 번

대답은 간단하게 ได้(ด้าย : 돼요, 할 수 있어요) 또는 ไม่ได้(ม้าย ด้าย : 안 돼요, 할 수 없어요)로 해도 되고, 동사나 문장 뒤에 붙여 길게 말해도 돼요.

● กิน ได้ / กิน ไม่ได้ [กิน ด้าย / กิน ม้าย ด้าย] 먹을 수 있다. / 먹을 수 없다.
อ่าน ได้ / อ่าน ไม่ได้ [อ่าน-ด้าย / อ่าน ม้าย ด้าย] 읽을 수 있다. / 읽을 수 없다.
พูด ได้ / พูด ไม่ได้ [พู้ด- ด้าย / พู้ด- ม้าย ด้าย] 말할 수 있다. / 말할 수 없다.

มี อะไร บ้าง ครับ
[มี- อ่ะไร๊ บ้าง- คฺรับ]
뭐가 있나요?

③ มี อะไร บ้าง ครับ [มี- อ่ะไร๊ บ้าง- คฺรับ] **뭐가 있나요?**

한국어에서 '뭐 뭐 먹었어요?, 어디 어디 가 봤어요?' 등 상대방의 대답이 두 개 이상일 거라는 기대로 물어볼 때 습관적으로 의문사를 두 번 반복하여 말하기도 하죠. 태국어에서는 의문문 뒤에 บ้าง(บ้าง-)을 붙여서 이런 뉘앙스를 표현할 수 있어요.

🔵 วันนี้ เป็นอย่างไร บ้าง [뻰얀-라이 방-] 오늘 좀 어때요?
คุณ ชอบ อาหาร อะไร บ้าง [쿤 첩- 아-한- 아라이 방-]
무슨 음식 좋아해요?

** เป็นอย่างไร [뻰얀-라이] 어때요? / ชอบ [첩-] 좋아하다

디저트와 간식

ของหวานและ อาหารทานเล่น

-단어-

1. 텅엿 ทองหยอด [텅-엿-]

2. 훠이텅 ฝอยทอง [훠-이텅-]

3. 멧카눈 เม็ดขนุน [멧카눈]

4. 카놈머깽 ขนมหม้อแกง [카놈머-깽-]

5. 카놈찬 ขนมชั้น [카놈찬]

6. 다양한 과일 모양의 떡 ลูกชุบ [룩-춥]

7. 만츠엄 มันเชื่อม [만츠-엄]

8. 토란 튀김 เผือกทอด [프-억텃-]

9. 카우똠맛 ข้าวต้มมัด [카-우똠맛]

10. 카놈크록 ขนมครก [카놈크록]

단어

11. 코코넛밀크 찹쌀밥과 망고 ข้าวเหนียวมะม่วง
[카-우니-여우마무-엉]

12. 코코넛밀크 찹쌀밥과 두리안 ข้าวเหนียวทุเรียน
[카-우니-여우투리-얀]

13. 탑팀끄럽 ทับทิมกรอบ [탑팀끄럽-]

14. 태국식 첸돌 ลอดช่อง [럿-청-]

15. 말린 바나나 กล้วยตาก [끌루-어이딱-]

16. 바나나 튀김 กล้วยแขก / กล้วยทอด
[끌루-어이캑- / 끌루-어이텃-]

17. 코코넛밀크에 넣은 익힌 바나나 กล้วยบวชชี
[끌루-어이부-엇치-]

18. 코코넛밀크 찹쌀밥과 쌍카야(커스터드)
ข้าวเหนียวสังขยา [카-우니-여우쌍카야-]

19. 빙수 น้ำแข็งใส [남캥싸이]

20. 텅무언 ทองม้วน [텅-무-언]

21. 코코넛 젤리 วุ้นมะพร้าว [운마프라-우]

22. 구운 계란빵 ขนมไข่ [카놈카이]

23. 납작하게 구운 바나나 กล้วยทับ [끌루-어이탑]

24. 디저트, 후식 ของหวาน [컹-완-]

25. 간식 อาหารทานเล่น [아-한-탄-렌-]

단어

태국의 전통과자

지금 디저트, 간식으로 먹는 태국 전통과자들은 옛날에는 종교적 행사,
결혼식, 명절, 손님 대접 등 중요한 일에 만들어 먹던 음식이에요.
옛날 태국 과자들은 보통 전분가루, 설탕, 야자즙으로 만들었지만
마리아 기요마(มารีอา กูโยมาร์ เด ปิญญา, Maria Guyomar de
Pinha)(출생연도 불분명 – 사망 1722년)에 의해 텅-엿-(ทองหยอด),
멧카눈(เม็ดขนุน)처럼 계란으로 만든 과자들도 생기게 되었어요.

เม็ดขนุน[멧카눈]
껍질을 벗긴 녹두, 전분가루 등으로 만든 반죽을 동그랗게
만들고 겉에 달걀 또는 오리알 노른자를 입힌 과자

ทองหยอด [텅-욧-]
달걀노른자, 맵쌀 가루,
설탕으로 만든 둥근 모양의 과자

마리아 기요마는 아유타야 말기의 여성으로 포르투갈, 벵골, 일본계 혼혈이며, 태국 나라이 왕(สมเด็จพระนารายณ์มหาราช)이 집권하던 시기에 공무를 담당하던 그리스인 관료의 부인이에요. 마리아 기요마는 마리아 본인이 태어나기 150년 전부터 태국 아유타야 시기에 거주하던 포르투갈계 사람들에 의해 전승되던 포르투갈 과자를 태국의 과자로 재탄생시킨 공로를 인정 받아 '태국 과자의 여왕'이라는 칭호를 받았어요.

식도락
여행 회화

본문에 나온 회화들을
태국어로 말해보자!

(1) 국수 (ก๋วยเตี๋ยว **꾸-어이띠-여우**)

1. 뭘 먹을까?

> กิน อะไรดี นะ

ㄲㅣㄴ ㅇㅏ라ㅣ ㄷㅣ- 나

2. 안으로 들어와서 앉으세요.

> เชิญ นั่ง ด้านใน ครับ นั่ง ก่อน ครับ

츠ㅓ- 낭 단-나ㅣ ㅋ랍 낭 껀- ㅋ랍

3. 어떤 면들이 있나요?

> มี เส้น อะไร บ้าง ครับ

ㅁㅣ- 쎈- ㅇㅏ라ㅣ ㅂ방- ㅋ랍

4. 국물 있는 것 또는 국물 없는 것 중 뭐로 하시겠어요?

> เอา ก๋วยเตี๋ยวน้ำ หรือ แห้ง ครับ

ㅇㅏ오 꾸-어이띠-여우 남 르- 행- ㅋ랍

5. 국물 있는 거요.

> ขอ ก๋วยเตี๋ยวน้ำ ครับ

커- 꾸-어이띠-여우 남 ㅋ랍

6. 곱빼기로 하시겠어요?

> พิเศษ ไหม ครับ

ㅍㅣ쎗- 마ㅣ ㅋ랍

7. 전부 넣으시겠어요?

> ใส่ ทุกอย่าง ไหม ครับ

　씨`이　툭양-　마`이　크랍

8. 주문하신 국수 나왔습니다.

> ก๋วยเตี๋ยว ที่ สั่ง มา แล้ว ครับ

　꾸-어이띠-여우 티-쌍　마-　래-우　크랍

9. 여기 원하시는 양념을 넣고 드셔 보세요.

> นี่ เครื่องปรุง ครับ ปรุง ได้ ตามใจชอบ ได้ เลย ครับ

　니-　크르-엉쁘룽 크랍 쁘룽 다`이 땀-짜`이 첩- 다`이 르ㅓ-이 크랍

10. 종류가 많네~

> มี หลายอย่าง เลย

　미-　라`이 양`-　르ㅓ-이

11. 숟가락이 어디 있지?

> หา ช้อน ไม่ เจอ

　하`-　천-　마`이　쯔ㅓ-

<어휘>

먹다 กิน [낀]

뭐가 좋을까요? อะไรดี [아라이 디-]

(문장 뒤에 붙어 애원, 강제, 동의의 의미를 강조/ 문장 끝에 붙어 부드러운 어투가 됨) นะ [나]

~해 주세요, 부디, 제발(please) / 초대하다 **เชิญ** [촌ㅓ-]

앉다 / 타다 **นั่ง** [낭]

안쪽, 속 **ด้านใน** [단-나이]

먼저, 일단 / ~하기 전에 **ก่อน** [껀-]

네 / 문장 끝에 붙어 존댓말로 만듦(남성-평서문, 의문문 동일) **ครับ** [크랍]

국수, 쌀국수 **ก๋วยเตี๋ยว** [꾸-어이띠-여우]

있다, 가지고 있다 (have) **มี** [미-]

여러 **หลาย** [라-이]

면 / 선, 줄 **เส้น** [쎈-]

무엇, 무슨 **อะไร** [아라이]

좀 / ~이나 **บ้าง** [방-]

가지다, 갖다 (take) **เอา** [아오]

물 **น้ำ** [남]

또는 / (문장 끝) ~이지요? **หรือ** [르-]

마르다, 건조하다 / 국물이 없는 **แห้ง** [행-]

(명사 앞) ~주세요 / (동사 앞) ~해 주세요 **ขอ** [커-]

특별하다 / 곱빼기 **พิเศษ** [피쎗-]

~입니까? **ไหม** [마이]

넣다 / 입다, 쓰다, 신다 **ใส่** [싸이]

모두, 전부 **ทุกอย่าง** [툭양-]

(장소) ~에, 에서 / 관계대명사(that) **ที่** [티-]

(음식 등이) 왔다 **มาแล้ว** [마- 래-우]

이, 이것 **นี่** [니-]

조미료, 양념 **เครื่องปรุง** [크르-엉쁘룽]

(양념을) 치다, 배합하다 **ปรุง** [쁘룽]

할 수 있다 **ได้** [다이]

본인 뜻대로, 하고 싶은 대로 **ตามใจชอบ** [땀-짜이 첩-]

(문장 끝) 강조의 의미 **เลย** [르ㅓ-이]

여러 가지 **หลายอย่าง** [라-이 양-]

~를 못 찾았다 **หา** (명사) **ไม่เจอ** [하- (명사) 마이 쯔ㅓ-]

숟가락 **ช้อน** [천-]

(2) 밥과 반찬(ข้าวราดแกง / อาหารตามสั่ง **คา-วราด-แกง- / อา-หาน-ตาม-สั่ง**)

1. 반찬이 이렇게 많아?! 어떻게 주문해야 하지?

> **กับข้าว เยอะ แบบนี้ จะต้อง สั่ง ยังไงดี นะ**

깝카-우　여　뱁-니-　짜 떵-　쌍　양 응아이 디- 나

2. 이것도 맛있어 보이고, 저것도 맛있어 보여.

> **นี่ ก็ น่า กิน นั่น ก็ น่า กิน**

니- 꺼- 나- 낀　난 꺼- 나- 낀

3. 맛있는 냄새!

> **กลิ่น หอม เชียว**

끌린　험-　치-여우

4. 통 안에 있는 반찬 중 먹고 싶은 것을 직접 고르면 돼요.

> **เลือก กับข้าว ใน ตู้ ได้ เลย ค่ะ**

르-억　깝카-우　나이 뚜-　다이 르ㅓ-이 카

5. 매운 음식 먹어요?

> ทาน เผ็ด ได้ หรือเปล่า คะ

탄- 펫 다이 르-쁠라오 카

6. 완숙으로 해 주세요.

> ขอ ไข่ดาวสุก ครับ

커- 카이 다-우 쑥 크랍

7. 밥 위에 올려 드릴게요.

> ราด ไป บน ข้าว ให้ เลย ค่ะ

랏- 빠이 본 카-우 하이 르ㅓ-이 카

<어휘>

반찬 กับข้าว [깝카-우]

이렇게, 이같이 แบบนี้ [뱁-니-]

어떻게 할까요? ยังไงดี [양응아이 디-]

~도 ก็ [꺼-]

그, 그것 นั่น [난]

냄새 กลิ่น [끌린]

향기롭다 หอม [험-]

~일세(말투) เชียว [치-여우]

선택하다, 고르다 เลือก [르-억]

~안에 ใน [나이]

(물건을 보관하는) 통, 장 ตู้ [뚜-]

드시다 ทาน [탄-]

225

맵다 เผ็ด [펫]

~인가요? 아닌가요? (or not) หรือเปล่า [르- 쁠라오]

(의문문 문장 끝, 여성) 존댓말 คะ [카]

계란 후라이 ไข่ดาว [카이다-우]

잘 익다 สุก [쑥]

위에 올리다, 끼었다 ราด [랏-]

가다 / (문장끝) 진행 사항 강조 ไป [빠이]

~위에 บน [본]

밥 ข้าว [카-우]

주다 / (동사 뒤) ~해 주다 ให้ [하이]

(3) 해산물 (อาหารทะเล 아-한-탈레-)

1. 메뉴 좀 주세요.

> ขอ เมนู หน่อย ครับ
    커- 메-누- 너-이 크랍

2. 이건 게, 이건 새우.

> นี่ ก็ ปู นี่ ก็ กุ้ง
    니- 꺼- 뿌- 니- 꺼- 꿍

3. 맛있어 보여!

> น่า กิน ทุกอย่าง เลย
    나- 낀 툭양- 르ㅓ-이

4. 무게로 계산하네. 킬로그램 당 200밧이구나.

> คิดราคา ตาม น้ำหนัก กิโล ละ 200 บาท

킷 라-카- 땀- 남낙 낄로-라 썽-러-이 밧-

5. 그릇에 드릴까요? 냄비에 드릴까요?

> รับ เป็น ถ้วย หรือ เป็น หม้อ ดี ครับ

랍 뻰 투-어이 르- 뻰 머- 디-크랍

6. 그릇에 담아 주세요.

> กิน แบบ ถ้วย ดีกว่า ครับ

낀 뱁- 투-어이 디- 꽈- 크랍

7. 생굴을 50% 할인하고 있어요.

> หอยนางรมสด ลด 50% ครับ

허-이낭-롬쏫 롯 하-씹 쁘ㅓ-쎈 크랍

8. 일 인분 주세요.

> ขอ ที่หนึ่ง ครับ

커- 티-능 크랍

9. 잠시만 기다리세요.

> รอ สักครู่ นะครับ

러- 싹 크루- 나 크랍

10. 해산물이 한상 가득하네!

> อาหารทะเล เต็ม โต๊ะ เลย

อ่า-ฮั่น-탈레- 뗌 또 르ㅓ-이

11. 새우 껍질을 벗겨서 소스에 찍고~

> ปอก เปลือก กุ้ง แล้วก็ จิ้ม

뻑- 쁠르-억 꿍 래-우꺼- 찜

12. 소스가 시고, 맵고, 짠맛이 어우러져서 진짜 맛있어!

> น้ำจิ้ม เปรี้ยว เผ็ด เค็ม มัน อร่อย มาก

남찜 쁘리-여우 펫 켐 만 아러-이 막-

13. 진짜 신선하다.

> มัน สด จริงๆ

만 쏫 찡찡

<어휘>

게 ปู [뿌-]

새우 กุ้ง [꿍]

생각하다 / 계산하다 คิด [킷]

가격 ราคา [라-카-]

~에 따라서 ตาม [땀-]

무게 น้ำหนัก [남낙]

킬로그램 (kg) กิโล [낄로-]

(태국 화폐 단위) 밧 บาท [밧-]

받다, 받아들이다, 응하다 รับ [랍]

~이다, ~로서, ~로 เป็น [뻰]

잔, 그릇 ถ้วย [투-어이]

냄비 หม้อ [머-]

생굴 หอยนางรมสด [허-이낭-롬쏫]

깎다, 할인하다 ลด [롯]

일 인분(= หนึ่งที่ 능 티-) / 첫 번째 ที่หนึ่ง [티-능]

기다리다 รอ [러-]

잠시 สักครู่ [싹 크루-]

해산물 อาหารทะเล [아-한-탈레-]

가득차다 เต็ม [뗌]

테이블, 탁자 โต๊ะ [또]

(껍질, 가죽을) 벗기다 ปอก [뻑-]

껍질 เปลือก [쁠르-억]

그리고, 그러고 나서 แล้วก็ [래-우꺼-]

(소스에) 찍다 จิ้ม [찜]

소스 น้ำจิ้ม [남찜]

시다 เปรี้ยว [쁘리-여우]

짜다 เค็ม [켐]

맛있다 อร่อย [아러-이]

신선하다 สด [쏫]

진짜로, 정말 จริงๆ [찡찡]

(4) 길거리 음식 (อาหารริมทาง **아-한-림탕-**)

1. 찹쌀밥은 한 봉지 당 5밧이에요.

> ข้าวเหนียว ถุง ละ 5 บาท ครับ
　카-우니-여우　　통- 라 하- 밧- 크랍

2. 알겠습니다.

> ได้เลย ครับ
　다이 르ㅓ-이 크랍

3. 드셔 보세요.

> ลอง กิน ดู นะคะ
　렁-　 낀 두- 나 카

4. 다음엔 뭘 먹어 볼까?

> กิน อะไร ต่อ ดี นะ
　낀　 아라이　 떠- 디- 나

5. 뭘 튀기고 계시지?

> ทอด อะไร อยู่ นะ
　텃- 아라이 유- 나

6. 매운 소스인가요?

> น้ำจิ้ม เผ็ด ไหม ครับ
　남찜　　 펫　 마이 크랍

7. 매운 것도 있고 안 매운 것도 있어요.

> มี ทั้ง แบบเผ็ด และ ไม่ เผ็ด ค่ะ

　미- 탕　뱁- 펫　래　마이펫　카

8. 섞어서 50밧어치 주실 수 있나요?

> ผม ขอ สั่ง แบบปนๆกัน สัก 50 บาท ได้ไหม ครับ

　폼　커-　쌍　뱁- 뽄뽄 깐 싹　하-씹 밧- 다이 마이 크랍

9. 맛있어~!

> อร่อย จริงๆ

　아러-이　찡찡

<어휘>

봉지 ถุง [퉁]

계속, 다음의 ต่อ [떠-]

튀기다 ทอด [텃-]

(이것저것) 섞어서 แบบปนๆกัน [뱁- 뽄뽄 깐]

한, ~정도, ~만큼 สัก [싹]

할 수 있어요? ได้ไหม [다이 마이]

(5) 과일 (ผลไม้ ฝ๊ลราไม่ย)

1. 여기 있습니다.

> นี่ ครับ

นี่- ครับ

2. 과일 종류가 진짜 많네!

> มี ผลไม้ เยอะ ไปหมด

มี- ฝ๊ลราไม่ย เยอะ ไปหมด

3. 와~ 이렇게 달고 맛있다니!

> โอ๊ย ทำไม มัน หวาน อร่อย ขนาดนี้

โอ๊-ย ทำไม มัน หวาน- อร่อ-ย คานัด- นี้-

4. 이건 두리안이 분명해.

> แน่นอน มัน คือ ทุเรียน

แน่-นอน- มัน ค- ทุรี-ยัน

5. 그건 아직 껍질을 안 벗긴 거예요.

> อันนั้น มัน ยัง ไม่ได้ แกะเปลือก เลย ครับ

อันนั้น มัน ยัง ไม่ ได้ แกะ เปลือ-ก เลย-ย ครับ

6. 어라? 망고 색깔이 두 가지네?

> โอ๊ะ มะม่วง มี 2 สี นะ

โอ๊ะ มะมู-่วง มี- สอง- สี- นะ

7. 노란색이 녹색보다 더 부드러운 것 같은데~

> สีเหลือง นิ่ม กว่า สีเขียว

씨-르-엉　닙　꽈-　씨-키-여우

8. 맛은 어떻게 다르지?

> รสชาติ มัน แตกต่างกัน ยังไง นะ

롯찻-　만　땍-땅-　깐　양응아이 나

9. 녹색 망고는 아직 덜 익은 거예요.

> มะม่วงสีเขียว อันนี้ ยัง ไม่ สุก ครับ

마무-엉 씨-키-여우　안니-　양　마이　쑥　크랍

10. 덜 익었는데 먹어도 돼요?

> ไม่ สุก ก็ กิน ได้หรือ ครับ

마이　쑥　꺼-낀　다이 르-크랍

<어휘>
과일 ผลไม้ [폰라마이]
왜 ทำไม [탐마이]
달다 หวาน [완-]
당연히, 확실히 แน่นอน [내-넌-]
~이다 คือ [크-]
두리안 ทุเรียน [투리-얀]
그것 อันนั้น [안난]

아직 ยัง [ยัง]

조각하다 / (껍질을) 벗기다 แกะ [깨]

망고 มะม่วง [마무-엉]

색깔, 색 สี [씨-]

노란색 สีเหลือง [씨-르-엉]

부드럽다 นิ่ม [님]

~보다 กว่า [꽈-]

초록색 สีเขียว [씨-키-여우]

맛 รสชาติ [롯찻-]

다르다 แตกต่างกัน [땍-땅-깐]

이것 อันนี้ [안니-]

할 수 있지요? ได้หรือ [다이 르-]

(6) 음료 (เครื่องดื่ม 크르-엉듬-)

1. Bangkok sky view에 오신 것을 환영합니다.

> ยินดีต้อนรับ สู่ ร้านอาหาร Bangkok sky view ครับ

인디-떤-랍   쑤-   란-아-한-   Bangkok sky view   크랍

2. 요리와 음료를 주문하자.

> สั่ง อาหาร กับ เครื่องดื่ม กัน ดีกว่า

쌍   아-한-   깝   크르-엉듬-   깐   디- 꽈-

3. 요리는 양식, 태국 음식, 디저트가 있어.

> มี ทั้ง อาหารฝรั่ง อาหารไทย และ ของหวาน

미- 탕　　아-한-화랑　아-한-타이　래　컹-완-

4. 음료도 종류가 많아.

> เครื่องดื่ม ก็ มี หลายอย่าง มาก เลย

크르-엉듬-　꺼- 미- 라-이 양-　막- 르ㅓ-이

5. 오렌지 생과일주스요? 아니면 세이크요?

> น้ำส้มคั้นสด หรือว่า ปั่น ดี ครับ

남쏨 칸쏫　　르-와-　빤　디- 크랍

6. 탄산수, 얼음 그리고 물도 주세요.

> ขอ โซดา น้ำแข็ง น้ำเปล่า ด้วย ครับ

커-　쏘-다-　남캥　남쁠라오　두-어이 크랍

7. 화이트 와인 주세요.

> ฉัน ขอ ไวน์ขาว ค่ะ

찬　커-　와이 카-우　카

8. 와인 잔은 몇 개 준비해 드릴까요?

> แก้วไวน์ ทั้งหมด กี่ แก้ว ดี ครับ

깨-우 와이　탕못　끼-　깨-우 디- 크랍

235

9. 잠시만 기다려 주세요.

> รอ สักครู่ ครับ

러- 싹크루- 크랍

<어휘>

환영하다, 반기다 ยินดีต้อนรับ [인디-떤-랍]

~에, ~로 สู่ [쑤-]

음식 อาหาร [아-한-]

음료 เครื่องดื่ม [크르-엉듬-]

양식 อาหารฝรั่ง [아-한-화랑]

태국 음식 อาหารไทย [아-한-타이]

간식 อาหารทานเล่น [아-한-탄-렌-]

오렌지 주스 น้ำส้ม [남쏨]

네 / (평서문 문장 끝, 여성) 존댓말 ค่ะ [카]

~아니면, 또는 หรือว่า [르-와-]

(믹서기를) 갈다 / 회전하다 ปั่น [빤]

탄산수, 소다수 โซดา [쏘-다-]

얼음 น้ำแข็ง [남캥]

물, 맹물 น้ำเปล่า [남쁠라오]

화이트 와인 ไวน์ขาว [와이 카-우]

와인 잔 แก้วไวน์ [깨-우 와이]

전부, 모두 ทั้งหมด [탕못]

몇 กี่ [끼-]

잔, 컵 / 유리 แก้ว [깨-우]

(7) 디저트와 간식(ของหวานและอาหารทานเล่น **컹-완- 래 아-한-탄-렌-**)

1. 먹어 보세요.

> ลอง ชิม ดู สิ ครับ
>
> 렁- 침 두- 씨 크랍

2. 한 상자에 20밧이요.

> กล่องละ 20 บาท ครับ
>
> 끌렁- 라 이-씹 밧- 크랍

3. 다 먹어 보고 싶어요.

> ผม อยาก ทาน ทุกอย่าง เลย นะครับ
>
> 폼 약- 탄- 툭양- 르ㅓ-이 나 크랍

4. 이건 뭐라고 불러요?

> อันนี้ เรียกว่า อะไร ครับ
>
> 안니- 리-약 와- 아라이 크랍

5. 이 보라색은 안찬이라는 꽃으로 만든 거예요.

> อันนี้ สีม่วง ทำ มา จาก ดอกไม้ ชื่อว่า อัญชัน นะคะ
>
> 안니- 씨-무-엉 탐 마- 짝- 덕-마이 츠-와- 안찬 나 카

6. 너무 달지도 않고 딱 좋네요.

> หวาน พอดี ไม่ หวาน ไปเลย ครับ
>
> 완- 퍼-디- 마이 완- 빠이 르ㅓ-이 크랍

7. 남캥싸이 파는 곳으로 가 주시겠어요?

> พา ผม ไป ทาน น้ำแข็งใส หน่อย ได้ไหม ครับ

파- 폼 빠이 탄- 남캥싸이 너-이 다이 마이 크랍

8. 빙수 토핑은 어떤 걸로 할 거예요?

> คุณ จะ ใส่ อะไร บ้าง คะ

쿤 짜 싸이 아라이 방- 카

9. 시럽은 빨간 시럽이오?

> ราด น้ำแดง ไหม คะ

랏- 남댕- 마이 카

10. 달고 시원해서 더운 날씨에 딱이다!

> หวาน และ เย็น เหมาะกับ อากาศร้อน มากๆ เลย

완- 래 옌 머 깝 아-깟-런- 막-막- 르어-이

<어휘>

(명령, 강조) ~해 สิ [씨]

~라고 부르다 เรียกว่า [리-약 와-]

보라색 สีม่วง [씨-무-엉]

꽃 ดอกไม้ [덕-마이]

~라는 이름이다, ~라고 불리다 ชื่อว่า [츠-와-]

버터플라이피 (꽃 이름) อัญชัน [안찬]

딱 좋다, 딱 알맞다 พอดี [퍼-디-]

빙수 น้ำแข็งใส [남캥싸이]
붉은 액체, 붉은 시럽 น้ำแดง [남댕]
차다, 시원하다 / 저녁 เย็น [옌]
~와 어울리다, ~와 잘 맞다 เหมาะกับ [머 깝]

회화

초판 1쇄 펴낸 날 | 2019년 8월 16일

지은이 | 전희진, 잉언씨껫
그린이 | 아난따 나나
펴낸이 | 홍정우
펴낸곳 | 브레인스토어

책임편집 | 이슬기
편집진행 | 양은지
디자인 | 이유정
마케팅 | 이수정

주소 | (04035) 서울특별시 마포구 양화로7안길 31(서교동, 1층)
전화 | (02)3275-2915~7
팩스 | (02)3275-2918
이메일 | brainstore@chol.com
블로그 | https://blog.naver.com/brain_store
페이스북 | https://www.facebook.com/brainstorebooks

등록 | 2007년 11월 30일(제313-2007-000238호)

ⓒ 브레인스토어, 전희진, 잉언씨껫, 아난따 나나, 2019
ISBN 979-11-88073-39-9(03730)

이 도서의 국립중앙도서관 출판예정도서목록(CIP)은 서지정보유통지원시스템 홈페이지
(http://seoji.nl.go.kr)와 국가자료종합목록 구축시스템(http://kolis-net.nl.go.kr)에서 이용
하실 수 있습니다. (CIP제어번호 : CIP2019029027)